D1666537

Evangelische Brüder-Unität
Postfach 21
02745 Herrnhut
Telefon (03 58 73) 487 - 0
Fax (03 58 73) 487 - 99

Evangelische Brüder-Unität
Badwasen 6
73087 Bad Boll
Telefon (0 71 64) 94 21 - 0
Fax (0 71 64) 94 21 - 99

E-Mail: info@bb.ebu.de
Internet: www.losungen.de

ISBN 978-3-7245-1719-1 (kartoniert)
ISBN 978-3-7245-1720-7 (gebunden)

Impressum:



Herausgegeben von der Evangelischen Brüder-Unität im Friedrich Reinhardt Verlag, Lörrach/Basel

Gestaltung: feinherb, Visuelle Gestaltung, Basel. Philipp Stamm.
Steinheil Direkt-Marketing GmbH, Ditzingen.
Druck und Bindung: CPI – Ebner & Spiegel, Ulm. Printed in Germany.

# Die
# **Losungen**
# der Herrnhuter Brüdergemeine für das Jahr **2012**

282. Ausgabe

Herausgegeben von der

Evangelischen Brüder-Unität

im Friedrich Reinhardt Verlag, Lörrach/Basel

Die Jahreslosung 2012:

**Jesus Christus spricht: Meine Kraft ist in den Schwachen mächtig.**

2. Korinther 12,9

# Geleitwort zur 282. Ausgabe der Losungen

Liebe Leserinnen und Leser!

Ein aufregendes Wort begleitet uns durch das Jahr 2012. Nicht die Starken, die Mächtigen, die in den Medien Präsenten sind es, durch die Gottes Kraft in dieser Welt wirken will, sondern die Schwachen, die Kranken, die Behinderten, die Menschen, die man so leicht übersieht. Es klingt unrealistisch und ist durch statistische Untersuchungen nicht zu beweisen und doch wissen wir: Immer wieder waren es schwache Menschen, die Erstaunliches bewegten – im Namen unseres Gottes. In Deutschland haben wir es eindrücklich erlebt, als Menschen aller Bevölkerungsgruppen durch Friedensgebete und Kerzen am Fall der Mauer zwischen Ost- und West-Europa mitwirkten.
Auch am Beginn der weltweiten Ausbreitung des Evangeliums steht ein schwacher Mann, krank und durch seine Vergangenheit belastet. Paulus schreibt aus eigener Erfahrung. Er hat selbst erlebt, dass Gottes Kraft in ihm, dem Schwachen, mächtig ist. Er hat sie erfahren die Kraft Gottes und seitdem haben immer wieder Menschen erlebt, dass auch in ihnen – obwohl sie sich schwach und ohnmächtig fühlten – die Kraft Gottes am Werke war und sie manches bewegen konnten.
Die Losungen sind ein kleines Andachtsbuch, herausgegeben von einer kleinen Gemeinschaft von Christen – und doch sind sie vielen Menschen zum Segen, zum Wegbegleiter, zum Hinweis auf die Kraft Gottes geworden.
Auch im Jahr 2012 werden Menschen auf allen Kontinenten die biblischen Worte des Losungsbuches lesen und sie in ihren Alltag hinein nehmen. Es sind Menschen wie Sie und ich, gewöhnliche, oft schwache Menschen, denen in den Worten

der Tageslosung die Kraft Gottes begegnet. In diesen Worten werden sie neu erfahren, dass Gottes Kraft auch in ihnen mächtig ist.
Als Losungsleser auf allen Kontinenten sind wir verbunden durch diese Kraftquelle Gottes – die tägliche Begegnung mit dem Gotteswort. Möge dieses Losungsbuch Ihnen auf Ihrem Weg durch das Jahr 2012 zum treuen Begleiter und Zeichen für Gottes Kraft sein, die auch in Ihnen und durch Sie mächtig sein will.

## Themen für das tägliche Gebet

**Sonntag:** *Gottes Heil für die Menschen.*
Dank für die Auferstehung Jesu Christi und für Gottes Wort. Vollmacht für die Verkündigung und Segen für alle Hörerinnen und Hörer. Heiligung des Sonntags. Erneuerung des geistlichen Lebens, Einheit im Geist, Liebe. Fürbitte für die verschiedenen Kirchen und ihr gemeinsames Zeugnis.

**Montag:** *Dienst der Kirche in der Welt.*
Verkündigung des Evangeliums in der Welt. Geistliches Wachstum in den Gemeinden. Zeugnis des Glaubens und der Liebe. Ausbildung und Zurüstung der Mitarbeiterinnen und Mitarbeiter zum Dienst in Kirche und Gesellschaft. Mission und Evangelisation. Medizinische Arbeit.

**Dienstag:** *Familie, Schule, Beruf.*
Verwandte, Freunde, Patenkinder, Ehe, Familie, Alleinerziehende, Erziehung. Kindergärten, Schulen, Heime, Lehrer, Erzieher. Weitergabe des Glaubens an die nächste Generation, Religionsunterricht. Arbeit im Haus und am Arbeitsplatz. Tägliches Brot. Bewährung des Glaubens im Alltag.

**Mittwoch:** *Unsere Nächsten.*
Nachbarn, Arbeitskollegen, Geschäftspartner. Arbeitslose. Hilfe und Trost für Schwache, Kranke und Sterbende, Blinde, Gehörlose und alle Behinderten, Verwitwete und Alleinstehende, Gebundene und Angefochtene, Gefangene, Obdachlose, Opfer von Unterdrückung und Gewalt. Diakonie: Mutterhäuser, Brüderhäuser, Gemeindepflege, Heime, pflegerische Arbeit, Fürsorge.

**Donnerstag:** *Gesellschaft.*
Frieden zwischen Völkern und Volksgruppen. Gerechtigkeit und Aufrichtigkeit im Zusammenleben. Männer und Frauen in leitender Stellung in Gesellschaft, Staat, Wirtschaft und Kirche. Überwindung des Völker- und Rassenhasses. Ausländer. Menschen auf der Flucht. Bewahrung vor Missbrauch aller Machtmittel. Achtung vor der Schöpfung. Schutz für das ungeborene Leben. Weisheit im Umgang mit den medizinischen Möglichkeiten. Glaube an Gottes Führung in der Welt und an seine Macht, Wunden zu heilen.

**Freitag:** *Unsere Kirche und Gemeinde.*
Dank für das Erlösungswerk Jesu Christi am Kreuz. Sündenerkenntnis und neue Geistesausgießung, Stärkung aller Gemeindemitglieder, Bereitschaft zur Mitarbeit als Haushalter

Gottes. Vollmacht für alle, die zum Dienst der Verkündigung und der Seelsorge berufen sind. Christen in der Verfolgung. Segen für die Arbeit am Losungsbuch und für seine Leserinnen und Leser.

**Samstag:** *Rückblick und Ausblick.*
Dank für Gottes Gaben und Geleit durch die Woche. Bitte um Vergebung für Unterlassungen und Übertretungen. Segen für den Sonntag. Fürbitte für Israel, das Volk des ersten Bundes Gottes. Vorbereitung der Kirche Jesu Christi auf seine Wiederkunft. Freude auf die ewige Herrlichkeit.

## Erklärung zum Aufbau der Losungen

1 **Vor einem grauen Haupt sollst du aufstehen und die Alten ehren.** 3. Mose 19,32

2 **Einen Älteren fahre nicht an, sondern ermahne ihn wie einen Vater, die jüngeren Männer wie Brüder, die älteren Frauen wie Mütter, die jüngeren wie Schwestern, mit allem Anstand.** 1. Timotheus 5,1–2

3 Ehren ist etwas viel Höheres als Lieben. Man präge es darum den jungen Leuten ein, ihre Eltern an Gottes Statt vor Augen zu haben und also zu bedenken, dass sie dennoch Vater und Mutter sind, von Gott gegeben, auch wenn sie gering, arm, gebrechlich oder wunderlich wären.

4 Martin Luther 5

*2. Mose 2,1–10 :: Markus 1,14–20*

6 7

**1** **Losung des Tages:** Sie wird jedes Jahr in Herrnhut aus ca. 1800 alttestamentlichen Bibelversen ausgelost.

**2** **Lehrtext:** Er stammt immer aus dem Neuen Testament und wird, thematisch passend, zur Losung ausgesucht. Er stammt häufig aus der fortlaufenden Bibellese (siehe Pkt. 7). Losung und Lehrtext sind eine Einladung, die biblischen Texte in ihrem Zusammenhang zu lesen und zu verstehen.

**3** **Dritter Text:** Er ist meistens ein Lied, Gebet oder ein bekenntnisartiger Text, der zum Gebet hinführen soll.

**4** **Nummerierung:** Sie richtet sich nach dem Evangelischen Gesangbuch. Wo »BG« vor der Nummer steht, stammt das Lied aus dem Gesangbuch der Herrnhuter Brüdergemeine von 2007.

**5** **Verfasserangabe:** Wenn an dieser Stelle ein (*) steht, stammt der Text aus dem Bearbeiterkreis der Losungen.

**6** **Erste Lese:** Sie stammt aus den »Lesungen der Heiligen Schrift im Kirchenjahr. Lektionar für alle Tage« von R. Brandhorst; herausgegeben im Auftrag der Liturgischen Konferenz der Evang. Kirche in Deutschland von A. Vöckler. Sie ist auf das Thema der Woche und das Sonntags-Evangelium bezogen.

**7** **Zweite Lese:** Sie wird von der Ökumenischen Arbeitsgemeinschaft für Bibellesen (ÖAB) verantwortet. Sie führt als »fortlaufende Bibellese« in vier Jahren durch das ganze Neue Testament und in acht Jahren durch die wichtigsten Teile des Alten Testaments. Von der ÖAB kommen auch die Jahreslosung und die Monatssprüche.

# JANUAR

*Monatsspruch:* Weise mir, HERR, deinen Weg; ich will ihn gehen in Treue zu dir. *Psalm 86,11*

## NEUJAHR

Alles, was ihr tut mit Worten oder mit Werken, das tut alles im Namen des Herrn Jesus und dankt Gott, dem Vater, durch ihn. *Kolosser 3,17*

*Wochenlied: 64 oder 65*

*Lukas 4,16–21 :: Jakobus 4,13–15 :: (Pr.) Josua 1,1–9*
*Psalm 121*

1. Sonntag **Die Furcht des HERRN wird Zions Schatz sein.** *Jesaja 33,6*

**Ein Mann war in Jerusalem, mit Namen Simeon; und dieser Mann war fromm und gottesfürchtig und wartete auf den Trost Israels. Er nahm Jesus auf seine Arme und lobte Gott und sprach: Herr, nun lässt du deinen Diener in Frieden fahren, wie du gesagt hast; denn meine Augen haben deinen Heiland gesehen.** *Lukas 2,25.28–30*

Du unser Leben, ach wär ein jedes Haus / dir ganz ergeben, und du gingst ein und aus, dass sich dein Herz bei uns erfreute! Hör uns und mache den Anfang heute! BG 856,6 Erdmuth Dorothea von Zinzendorf

2. Montag **Der HERR ist deine Zuversicht.** *Psalm 91,9*

**Alle eure Sorge werft auf ihn; denn er sorgt für euch.** *1. Petrus 5,7*

Er gebe uns ein fröhlich Herz, erfrische Geist und Sinn / und werf all Angst, Furcht, Sorg und Schmerz / ins Meeres Tiefe hin. 322,5 Paul Gerhardt

*Josua 24,1–2a.13–18.25–26 :: Markus 1,1–13*

3. Dienstag **Vor einem grauen Haupt sollst du aufstehen und die Alten ehren.** *3. Mose 19,32*

**Einen Älteren fahre nicht an, sondern ermahne ihn wie einen Vater, die jüngeren Männer wie Brüder, die älteren Frauen wie Mütter, die jüngeren wie Schwestern, mit allem Anstand.** *1. Timotheus 5,1–2*

Ehren ist etwas viel Höheres als Lieben. Man präge es darum den jungen Leuten ein, ihre Eltern an Gottes Statt vor Augen zu haben und also zu bedenken, dass sie dennoch Vater und Mutter sind, von Gott gegeben, auch wenn sie gering, arm, gebrechlich oder wunderlich wären. Martin Luther

*2. Mose 2,1–10 :: Markus 1,14–20*

4. Mittwoch **Ihr sollt nicht stehlen noch lügen noch betrügerisch handeln einer mit dem andern.** *3. Mose 19,11*

**Die Liebe freut sich nicht über die Ungerechtigkeit, sie freut sich aber an der Wahrheit.** *1. Korinther 13,6*

Es segne uns Gott, der Vater, der uns geschaffen hat und der uns kennt. Es segne uns Gott, der Sohn, der unser Leben geteilt hat und unsere menschlichen Schwächen kennt. Es segne uns Gott, der Heilige Geist, dass wir in Aufrichtigkeit und Wahrheit miteinander umgehen.

*1. Mose 21,1–7 :: Markus 1,21–39*

5. Donnerstag **Wo viele Träume sind und viele Worte, ist auch viel Nichtiges. Gott sollst du fürchten!** *Prediger 5,6*

**Wer sollte dich, Herr, nicht fürchten und deinen Namen nicht preisen? Denn du allein bist heilig!** *Offenbarung 15,4*

Er hat uns wissen lassen / sein herrlich Recht und sein Gericht, dazu sein Güt ohn Maßen, es mangelt an Erbarmung nicht; sein' Zorn lässt er wohl fahren, straft nicht nach unsrer Schuld, die Gnad tut er nicht sparen, den Schwachen ist er hold; sein Güt ist hoch erhaben / ob den', die fürchten ihn; so fern der Ost vom Abend, ist unsre Sünd dahin. 289,2 Johann Gramann

*1. Mose 9,12–17 :: Markus 1,40–45*

---

EPIPHANIAS (Erscheinungsfest)

Die Finsternis vergeht, und das wahre Licht scheint jetzt. *1. Johannes 2,8b*

*Lied: 70 oder 71*

*Matthäus 2,1–12 :: Epheser 3,2–3a.5–6*

*(Pr.) Kolosser 1,24–27 :: Markus 2,1–12*

---

6. Freitag **Deinen Willen, mein Gott, tue ich gern, und dein Gesetz hab ich in meinem Herzen.** *Psalm 40,9*

Christus spricht: **Liebt ihr mich, so werdet ihr meine Gebote halten.** *Johannes 14,15*

In die Welt bist du gekommen, Jesu, als ein Licht der Welt. Wer ins Herz dich aufgenommen, sich im Glauben an dich hält, der erfährt's, wie du gewiss / Licht bringst in die Finsternis.
BG 1019,1 Johann Christoph Blumhardt

7. Samstag **Wenn ich mich zu Bette lege, so denke ich an dich, wenn ich wach liege, sinne ich über dich nach.** *Psalm 63,7*

**Sollte Gott nicht Recht schaffen seinen Auserwählten, die zu ihm Tag und Nacht rufen, und sollte er's bei ihnen lange hinziehen?** *Lukas 18,7*

Wenn ich schlafe, wacht sein Sorgen und ermuntert mein Gemüt, dass ich alle liebe Morgen / schaue neue Lieb und Güt. Wäre mein Gott nicht gewesen, hätte mich sein Angesicht / nicht geleitet, wär ich nicht / aus so mancher Angst genesen. Alles Ding währt seine Zeit, Gottes Lieb in Ewigkeit. 325,7 Paul Gerhardt

*1. Johannes 3,1–6 :: Markus 2,13–17*

Internationale Allianzgebetswoche

---

1. SONNTAG NACH EPIPHANIAS

Welche der Geist Gottes treibt, die sind Gottes Kinder. *Römer 8,14*

*Wochenlied: 68 oder 441*

*Matthäus 3,13–17 :: Römer 12,1–3(4–8)*

*(Pr.) 1. Korinther 1,26–31 :: Psalm 89,1–19*

---

8. Sonntag **Weh denen, die Schaden zu tun trachten, weil sie die Macht haben!** *Micha 2,1*

**Jesus sprach: Mit welchem Maß ihr messt, wird man euch wieder messen.** *Markus 4,24*

Du König aller Ehren und Vater aller Barmherzigkeit, du hast uns hören lassen die Nachricht von der großen Wendung, die du selbst herbeiführst. Lass uns das nicht umsonst gehört haben! Mache selbst die Hoffnung wahr, zu der du uns neu geboren hast. Stärke alle die, die Frieden und Freiheit für die Menschen im Sinne haben. Helmut Gollwitzer

9. Montag **Weh denen, die sich verlassen auf Rosse und hoffen auf Wagen, weil ihrer viele sind, und fragen nichts nach dem HERRN!** *Jesaja 31,1*

**Euer Glaube stehe nicht auf Menschenweisheit, sondern auf Gottes Kraft.** *1. Korinther 2,5*

Glaube ist immer auch Glaube gegen den Augenschein, gegen die bitteren Realitäten dieser Welt. Glaube kann uns die Kraft vermitteln, uns damit nicht einfach abzufinden, Friedlosigkeit und Zerrissenheit nicht einfach hinzunehmen. Maria Jepsen

*Apostelgeschichte 10,37–48 :: 1. Korinther 1,1–9*

10. Dienstag **Zerreißt eure Herzen und nicht eure Kleider und bekehret euch zu dem HERRN, eurem Gott!** *Joel 2,13*

**Jesus sprach: Die Zeit ist erfüllt und das Reich Gottes ist herbeigekommen. Tut Buße und glaubt an das Evangelium!** *Markus 1,15*

Herr, wir haben solche Güte / nicht verdient, die du getan; unser Wissen und Gemüte / klagt uns vieler Sünden an. Herr, verleih, dass deine Gnade jetzt an unsre Seelen rührt, dass der Reichtum deiner Milde unser Herz zur Buße führt. 512,5 Heinrich Puchta

*Josua 3,9–17 :: 1. Korinther 1,10–17*

11. Mittwoch **Siehe, was ich früher verkündigt habe, ist gekommen. So verkündige ich auch Neues; ehe denn es aufgeht, lasse ich's euch hören.** *Jesaja 42,9*

**Die Finsternis vergeht und das wahre Licht scheint jetzt.** *1. Johannes 2,8*

Halt im Gedächtnis Jesus Christ, o Mensch, der auf die Erden / vom Thron des Himmels kommen ist, dein Bruder da zu werden; vergiss nicht, dass er dir zugut / hat angenommen Fleisch und Blut; dank ihm für diese Liebe! 405,1 Cyriakus Günther

*Kolosser 2,1–7 :: 1. Korinther 1,18–25*

12. Donnerstag **Der Herr sprach zu Gideon: Friede sei mit dir! Fürchte dich nicht, du wirst nicht sterben. Da baute Gideon dem Herrn dort einen Altar und nannte ihn: »Der Herr ist Friede.«** *Richter 6,23–24*

Christus spricht: **In der Welt habt ihr Angst; aber seid getrost, ich habe die Welt überwunden.**

*Johannes 16,33*

Komm, o komm, du Geist des Lebens, wahrer Gott von Ewigkeit, deine Kraft sei nicht vergebens, sie erfüll uns jederzeit; so wird Geist und Licht und Schein / in dem dunklen Herzen sein. 134,1 Heinrich Held

*Markus 10,13–16 :: 1. Korinther 1,26–31*

13. Freitag **Tröstet, tröstet mein Volk! spricht euer Gott.** *Jesaja 40,1*

**Gott, der sprach: Licht soll aus der Finsternis hervorleuchten, der hat einen hellen Schein in unsre Herzen gegeben, dass durch uns entstünde die Erleuchtung zur Erkenntnis der Herrlichkeit Gottes in dem Angesicht Jesu Christi.** *2. Korinther 4,6*

Herr Jesus Christus, die frohe Botschaft von deiner Menschwerdung haben wir im Ohr. Was wir gehört und gesehen haben, hat unsere Herzen erwärmt. Uns hat das getröstet und ermutigt für unser Leben in der Welt. Wenn du uns die richtigen Worte schenkst, können wir auch denen helfen, die Trost brauchen. *

*Lukas 12,49–53 :: 1. Korinther 2,1–9*

14. Samstag **Alle Lande sollen seiner Ehre voll werden!** *Psalm 72,19*

Christus spricht: **Gehet hin in alle Welt und predigt das Evangelium aller Kreatur.** *Markus 16,15*

Ich will, solang ich lebe, rühmen den Herren mein, im Herzen stets mir schwebe / das Lob der Ehren sein; mein Mund soll allezeit / des Herren Ruhm verkünden, dass Elende empfinden / in Trübsal Trost und Freud.
276,1 Cornelius Becker

*Matthäus 6,6–13 :: 1. Korinther 2,10–26*

## 2. SONNTAG NACH EPIPHANIAS

Das Gesetz ist durch Mose gegeben; die Gnade und Wahrheit ist durch Jesus Christus geworden.
*Johannes 1,17*

*Wochenlied: 5 oder 398*
*Johannes 2,1–11 :: Römer 12,(4–8)9–16*
*(Pr.) 1. Korinther 2,1–10 :: Psalm 89,20–53*

15. Sonntag **Wehe denen, die ein Haus zum andern bringen und einen Acker an den andern rücken, bis kein Raum mehr da ist und sie allein das Land besitzen!** *Jesaja 5,8*

**Was hat ein Mensch davon, wenn er die ganze Welt gewinnt, aber zuletzt sein Leben verliert?**
*Markus 8,36*

Klug werden im Sinne der Bibel heißt: erkennen, dass unser Tun Folgen hat und dass, wer bestimmte Folgen nicht will, auch ein bestimmtes Tun nicht wollen darf.
Helmut Gollwitzer

16. Montag **Hütet euch, dass sich euer Herz nicht betören lasse, dass ihr abfallt und dient andern Göttern und betet sie an.** *5. Mose 11,16*

**Wir haben nur einen Gott, den Vater, von dem alle Dinge sind und wir zu ihm; und einen Herrn, Jesus Christus, durch den alle Dinge sind und wir durch ihn.** *1. Korinther 8,6*

Gott ist Herr, der Herr ist Einer, und demselben gleichet keiner, nur der Sohn, der ist ihm gleich; dessen Stuhl ist unumstößlich, dessen Leben unauflöslich, dessen Reich ein ewig Reich. 123,3 Philipp Friedrich Hiller

*5. Mose 4,5–13 :: 1. Korinther 3,1–8*

17. Dienstag **Dein, Herr, ist das Reich, und du bist erhöht zum Haupt über alles.** *1. Chronik 29,11*

**Lasst uns wahrhaftig sein in der Liebe und wachsen in allen Stücken zu dem hin, der das Haupt ist, Christus.** *Epheser 4,15*

Komm, belebe alle Glieder, du, der Kirche heilig Haupt, treibe aus, was dir zuwider, was uns deinen Segen raubt. Komm und zeig uns in der Klarheit / Gottes Herz voll Gnad und Wahrheit! Lass uns fühlen allzugleich: Ich bin mitten unter euch.
BG 636,2 Johann Michael Hahn

*Markus 2,23–28 :: 1. Korinther 3,9–17*

18. Mittwoch **Der Herr ist unser Richter, der Herr ist unser Meister, der Herr ist unser König; der hilft uns!** *Jesaja 33,22*

**Der Vater des kranken Kindes schrie: Ich glaube; hilf meinem Unglauben!** *Markus 9,24*

Such, wer da will, Nothelfer viel, die uns doch nichts erworben; hier ist der Mann, der helfen kann, bei dem nie was verdorben. Uns wird das Heil durch ihn zuteil, uns macht gerecht der treue Knecht, der für uns ist gestorben. 346,2 Georg Weissel

*Lukas 16,14–17(18) :: 1. Korinther 3,18–23*

19. Donnerstag **Danket dem Herrn; denn er ist freundlich, und seine Güte währet ewiglich.**

*Psalm 106,1*

**Alles, was ihr tut mit Worten oder mit Werken, das tut alles im Namen des Herrn Jesus und dankt Gott, dem Vater, durch ihn.** *Kolosser 3,17*

Lebendiger Gott, ich danke dir, dass du in dieser Nacht meinen Leib und meine Seele bewahrt hast. Und ich bitte dich: Erhalte mir ein waches Herz, das dich sucht, einen freien Mut, der unverzagt auf dich hofft. Sei du in mir Liebe und Kraft, die dich erkennt und deinen Willen tut. Katharina Klara Schridde

*Apostelgeschichte 15,22–31 :: 1. Korinther 4,1–13*

20. Freitag **Abram sprach zu Lot: Lass doch nicht Zank sein zwischen mir und dir und zwischen meinen und deinen Hirten; denn wir sind Brüder.**

*1. Mose 13,8*

Christus spricht: **Wenn ihr den Menschen ihre Verfehlungen vergebt, so wird euch euer himmlischer Vater auch vergeben.** *Matthäus 6,14*

Du Versöhner, mach auch uns versöhnlich. Dulder, mach uns dir im Dulden ähnlich, dass Wort und Taten/ wahren Dank für deine Huld verraten.

415,2 Karl Bernhard Garve

*Johannes 7,1–13 :: 1. Korinther 4,14–21*

21. Samstag **HERR, du hast angefangen, deinem Knecht zu offenbaren deine Herrlichkeit und deine starke Hand.** *5. Mose 3,24*

**Setzt eure Hoffnung ganz auf die Gnade, die euch angeboten wird in der Offenbarung Jesu Christi.** *1. Petrus 1,13*

Herr, komm uns entgegen und hilf uns, einen neuen Aufbruch zu wagen. Lass alle Unruhe in uns zur Ruhe kommen und eröffne uns einen neuen Zugang zu dir.

Nach Peter Dyckhoff

*5. Mose 33,1–4(7.12–16) :: 1. Korinther 5,1–13*

---

3. SONNTAG NACH EPIPHANIAS

Es werden kommen von Osten und von Westen, von Norden und von Süden die zu Tisch sitzen werden im Reich Gottes. *Lukas 13,29*

*Wochenlied: 293*

*Matthäus 8,5–13 :: Römer 1,(14–15)16–17*

*(Pr.) 2. Könige 5,(1–8)9–15(16–18)19a :: Psalm 86*

---

22. Sonntag **Gott hat den Menschen aufrichtig gemacht; aber sie suchen viele Künste.** *Prediger 7,29*

Christus spricht: **Wenn ihr bleiben werdet an meinem Wort, so seid ihr wahrhaftig meine Jünger und werdet die Wahrheit erkennen, und die Wahrheit wird euch frei machen.** *Johannes 8,31–32*

Wir stolzen Menschenkinder / sind eitel arme Sünder / und wissen gar nicht viel. Wir spinnen Luftgespinste / und suchen viele Künste / und kommen weiter von dem Ziel. 482,4 Matthias Claudius

23. Montag **Du hast mein Leben aus dem Verderben geführt, HERR, mein Gott!** *Jona 2,7*

**Christus Jesus ist in die Welt gekommen, die Sünder selig zu machen, unter denen ich der erste bin.** *1. Timotheus 1,15*

Es kennt der Herr die Seinen / und hat sie stets gekannt, die Großen und die Kleinen / in jedem Volk und Land; er lässt sie nicht verderben, er führt sie aus und ein, im Leben und im Sterben / sind sie und bleiben sein. 358,1 Philipp Spitta

*Jesaja 19,19–25 :: 1. Korinther 6,1–11*

24. Dienstag **Ich will den HERRN loben in den Versammlungen.** *Psalm 26,12*

**Lasst uns aufeinander Acht haben und uns anreizen zur Liebe und zu guten Werken und nicht verlassen unsre Versammlungen, wie einige zu tun pflegen.** *Hebräer 10,24–25*

Herr, unser Gott! Sei du auch an allen Orten denen gnädig, die sich als deine Gemeinde versammeln! Erhalte sie und uns bei deinem Wort! Bewahre sie und uns vor Heuchelei, Irrtum, Langeweile und Zerstreuung! Gib ihnen und uns Erkenntnis, und Hoffnung, ein klares Zeugnis und freudige Herzen – durch Jesus Christus, unseren Herrn! Karl Barth

*1. Könige 17,8–16 :: 1. Korinther 6,12–20*

25. Mittwoch **Der HERR wird seinen Engel vor dir her senden.** *1. Mose 24,7*

**Der Engel sprach zu Petrus: Gürte dich und zieh deine Schuhe an! Und er tat es.** *Apostelgeschichte 12,8*

Wer nur mit seinem Gott verreiset, dem ist der Weg schon freigemacht, weil er ihn lauter Pfade weiset, auf welchen stets sein Auge wacht. Hier gilt die Losung früh und spat: Wohl dem, der Gott zum Leitstern hat!
BG 920,1 Benjamin Schmolck

*Rut 1,1–8(9–15)16–19a(19b–21) :: 1. Korinther 7,1–9*

26. Donnerstag **Naaman sprach: Dein Knecht will nicht mehr andern Göttern opfern, sondern allein dem HERRN.** *2. Könige 5,17*

**Jesus Christus ist der wahrhaftige Gott und das ewige Leben. Kinder, hütet euch vor den Abgöttern!** *1. Johannes 5,20–21*

Herr, du mein Gott, auf deinen Geist warte ich, dass er mir zu Hilfe komme. Komm, du mein Gott, und bahne dir den Weg zu meinem Herzen, dass es sich weite zu grenzenlosem Vertrauen. Sabine Naegeli

*Apostelgeschichte 13,42–52 :: 1. Korinther 7,10–16*

27. Freitag **Gott ist unsre Zuversicht und Stärke, eine Hilfe in den großen Nöten, die uns getroffen haben. Darum fürchten wir uns nicht.**

*Psalm 46,2–3*

Paulus schreibt: **Wenn ich schwach bin, so bin ich stark.** *2. Korinther 12,10*

Gott, machtvoll in dem Heiligtum, erschütternd strahlet hier dein Ruhm, wir fallen vor dir nieder. Der Herr ist Gott, der Herr ist Gott, der Herr ist seines Volkes Gott, er, er erhebt uns wieder. Wie er sein Volk so zärtlich liebt, den Schwachen Kraft und Stärke gibt! Kommt, heiligt seinen Namen! Sein Auge hat uns stets bewacht, ihm sei Anbetung, Ehr und Macht. Gelobt sei Gott! Ja, Amen. 281,5 Matthias Jorissen

*Lukas 4,22–30 :: 1. Korinther 7,17–24*

28. Samstag **Mose sprach: Herr, habe ich Gnade gefunden in deinen Augen, so wollest du, Herr, mitten unter uns einherziehen.** *2. Mose 34,9*

**Die Gott vorherbestimmt hat, die hat er auch berufen; die er aber berufen hat, die hat er auch verherrlicht.** *Römer 8,30*

Gott will uns nicht bloß einen Tag lang weiterhelfen, um uns dann mitten im Lauf im Stich zu lassen, sondern uns bis ans Ziel geleiten. Johannes Calvin

*Offenbarung 15,1–4 :: 1. Korinther 7,25–40*

---

LETZTER SONNTAG NACH EPIPHANIAS (Bibelsonntag)

Über dir geht auf der Herr, und seine Herrlichkeit erscheint über dir. *Jesaja 60,2*

*Wochenlied: 67*

*Matthäus 17,1–9 :: 2. Korinther 4,6–10*

*(Pr.) Offenbarung 1,9–18 :: Psalm 135*

---

29. Sonntag **Der Herr behütet dich; der Herr ist dein Schatten über deiner rechten Hand, dass dich des Tages die Sonne nicht steche noch der Mond des Nachts.** *Psalm 121,5–6*

**Dem, der euch vor dem Straucheln behüten kann und euch untadelig stellen kann vor das Angesicht seiner Herrlichkeit mit Freuden, dem alleinigen Gott, unserm Heiland, sei durch Jesus Christus, unsern Herrn, Ehre und Majestät und Gewalt und Macht!** *Judas 24–25*

Er lässt nicht gleiten deinen Fuß, dein Hüter schlummert nicht, wenn dir's an Kraft gebricht, er schläft nicht, wenn er helfen muss. Sieh, Israels Gebieter / ist auch dein Gott und Hüter. Nach Matthias Jorissen

30. Montag **Herr, lass mich wieder genesen und leben!** *Jesaja 38,16*

**Als die Frau von Jesus hörte, kam sie in der Menge von hinten heran und berührte sein Gewand. Denn sie sagte sich: Wenn ich nur seine Kleider berühren könnte, so würde ich gesund. Er aber sprach zu ihr: Meine Tochter, dein Glaube hat dich gesund gemacht!** *Markus 5,27–28.34*

Gott, in mir ist es finster, aber bei dir ist das Licht, ich bin einsam, aber du verlässt mich nicht, ich bin kleinmütig, aber bei dir ist die Hilfe, ich bin unruhig, aber bei dir ist Frieden, in mir ist Bitterkeit, aber bei dir ist Geduld. Ich verstehe deine Wege nicht, aber du weißt einen Weg für mich. Dietrich Bonhoeffer

*2. Korinther 3,(9–11)12–18 :: 1. Korinther 8,1–6*

31. Dienstag **Ein Sohn soll seinen Vater ehren. Bin ich nun Vater, wo ist meine Ehre? spricht der HERR.** *Maleachi 1,6*

**Gott, dem ewigen König, dem Unvergänglichen und Unsichtbaren, der allein Gott ist, sei Ehre und Preis in Ewigkeit!** *1. Timotheus 1,17*

Lob, Ehr und Preis sei Gott dem Vater und dem Sohne / und Gott dem Heilgen Geist im höchsten Himmelsthrone, ihm, dem dreiein'gen Gott, wie es im Anfang war / und ist und bleiben wird so jetzt und immerdar.
321,3 Martin Rinckart

*Johannes 1,43–51 :: 1. Korinther 8,7–13*

# FEBRUAR

*Monatsspruch:* Alles ist erlaubt – aber nicht alles nützt. Alles ist erlaubt – aber nicht alles baut auf. Denkt dabei nicht an euch selbst, sondern an die anderen.

*1. Korinther 10,23–24*

1. Mittwoch **HERR, sei du mit mir um deines Namens willen; denn deine Gnade ist mein Trost: Errette mich!** *Psalm 109,21*

Christus spricht: **Ich gebe meinen Schafen das ewige Leben, und sie werden nimmermehr umkommen, und niemand wird sie aus meiner Hand reißen.**

*Johannes 10,28*

Herr, du bist Gott! In deine Hand / o lass getrost uns fallen. Wie du geholfen unserm Land, so hilfst du fort noch allen, die dir vertraun und deinem Bund / und freudig dir von Herzensgrund / ihr Loblied lassen schallen. 377,4 Friedrich Oser

*Johannes 3,31–36 :: 1. Korinther 9,1–18*

2. Donnerstag **Ich will euch von all eurer Unreinheit erlösen.** *Hesekiel 36,29*

**Ihr wisst, dass ihr nicht mit vergänglichem Silber oder Gold erlöst seid von eurem nichtigen Wandel nach der Väter Weise, sondern mit dem teuren Blut Christi als eines unschuldigen und unbefleckten Lammes.** *1. Petrus 1,18–19*

Mein Gewissen quält mich nicht, will mich das Gesetz verklagen; der mich frei und ledig spricht, hat die Schulden abgetragen, dass mich nichts verdammen kann: Jesus nimmt die Sünder an.
353,7 Erdmann Neumeister

*Offenbarung 1,(1.2)3–8 :: 1. Korinther 9,19–23*

3. Freitag **Wenn ich sprach: Mein Fuß ist gestrauchelt, so hielt mich, HERR, deine Gnade.** *Psalm 94,18*

**Lasst uns hinzutreten mit Zuversicht zu dem Thron der Gnade, damit wir Barmherzigkeit empfangen und Gnade finden zu der Zeit, wenn wir Hilfe nötig haben.** *Hebräer 4,16*

Alles hat seine Zeit, und die Hauptsache ist, dass man mit Gott Schritt hält und ihm nicht immer schon einige Schritte voraus eilt, allerdings auch keinen Schritt hinter ihm zurück bleibt. Dietrich Bonhoeffer

*Johannes 8,12–20 :: 1. Korinther 9,24–29*

4. Samstag **Noah fand Gnade vor dem HERRN.** *1. Mose 6,8*

**Der Menschensohn wird seine Auserwählten versammeln von den vier Winden, vom Ende der Erde bis zum Ende des Himmels.** *Markus 13,27*

Herr Christ, dein bin ich eigen: von Anbeginn der Welt, dein Güte zu erzeigen, hast du mich auserwählt / und mich auch lassen nennen / nach deinem Namen wert; den will ich auch bekennen / forthin auf dieser Erd.
204,1 Christiana Cunrad

*4. Mose 6,22–27 :: 1. Korinther 10,1–13*

---

SEPTUAGESIMAE (70 Tage vor Ostern)

Wir liegen vor dir mit unserm Gebet und vertrauen nicht auf unsre Gerechtigkeit, sondern auf deine große Barmherzigkeit. *Daniel 9,18*

*Wochenlied: 342 oder 409*
*Matthäus 20,1–16a :: 1. Korinther 9,24–27*
*(Pr.) Jeremia 9,22–23 :: Psalm 124*

---

5. Sonntag **Es wird geschehen zu der Zeit, dass das Reis aus der Wurzel Isais dasteht als Zeichen für die Völker. Nach ihm werden die Heiden fragen.** *Jesaja 11,10*

Paulus schreibt: **Wenn aber nun du, der du ein wilder Ölzweig warst, in den Ölbaum eingepfropft worden bist und teilbekommen hast an der Wurzel und dem Saft des Ölbaums, so rühme dich nicht gegenüber den Zweigen. Rühmst du dich aber, so sollst du wissen, dass nicht du die Wurzel trägst, sondern die Wurzel trägt dich.** *Römer 11,17–18*

Herr, unser Gott, es ist geschehen, was Jesaja angekündigt hat. Inmitten deines Volkes kam dein Sohn zur Welt. Als seine Nachfolger danken wir Christen dir, zu deinem Volk gehören zu dürfen. *

6. Montag **Siehe, des Herrn Arm ist nicht zu kurz, dass er nicht helfen könnte, und seine Ohren sind nicht hart geworden, sodass er nicht hören könnte, sondern eure Verschuldungen scheiden euch von eurem Gott.** *Jesaja 59,1–2*

**Wisst ihr nicht, dass die Ungerechten das Reich Gottes nicht ererben werden? Lasst euch nicht irreführen!** *1. Korinther 6,9*

Ach bleib mit deinem Glanze / bei uns, du wertes Licht; dein Wahrheit uns umschanze, damit wir irren nicht.
347,3 Josua Stegmann

*Lukas 19,1–10 :: 1. Korinther 10,14–22*

7. Dienstag **Die Wasserwogen im Meer sind groß und brausen mächtig; der Herr aber ist noch größer in der Höhe.** *Psalm 93,4*

**Jesus stand auf und bedrohte den Wind und sprach zu dem Meer: Schweig und verstumme! Und der Wind legte sich und es entstand eine große Stille.** *Markus 4,39*

Du meine Seele, singe, wohlauf und singe schön dem, welchem alle Dinge / zu Dienst und Willen stehn. Ich will den Herren droben / hier preisen auf der Erd; ich will ihn herzlich loben, solang ich leben werd.
302,1 Paul Gerhardt

*Hebräer 12,12–17 :: 1. Korinther 10,23–11,1*

8. Mittwoch **Lass leuchten dein Antlitz über dein zerstörtes Heiligtum um deinetwillen, Herr!**

*Daniel 9,17*

**Ihr seid aufgebaut auf dem Fundament der Apostel und Propheten – der Schlussstein ist Christus Jesus selbst. Durch ihn wird der ganze Bau zusammengehalten und wächst zu einem heiligen Tempel im Herrn, durch ihn werdet auch ihr mit eingebaut in die Wohnung Gottes im Geist.** *Epheser 2,20–22*

Christus, du brauchst uns alle mit den Gaben, die du uns geschenkt hast. Du brauchst uns, damit die Welt sieht, dass du unter uns wohnst. Lehre uns, in der Einheit mit allen Kindern Gottes zusammen zu wachsen. *

*Matthäus 10,40–42 :: 1. Korinther 11,2–16*

9. Donnerstag **Wenn du den Hungrigen dein Herz finden lässt und den Elenden sättigst, dann wird dein Licht in der Finsternis aufgehen.** *Jesaja 58,10*

**Erbringt den Beweis eurer Liebe.** *2. Korinther 8,24*

Wer dieser Erde Güter hat / und sieht die Nächsten leiden / und macht die Hungrigen nicht satt, will Dürftige nicht kleiden, ist untreu seiner ersten Pflicht / und hat die Liebe Gottes nicht. BG 460,2

Hans Lanz nach Christian Fürchtegott Gellert

*1. Korinther 3,(1–3)4–8 :: 1. Korinther 11,17–22*

10. Freitag **Es wird ein Reis hervorgehen aus dem Stamm Isais und ein Zweig aus seiner Wurzel Frucht bringen.** *Jesaja 11,1*

Christus spricht: **Ich bin der Weinstock, ihr seid die Reben. Wer in mir bleibt und ich in ihm, der bringt viel Frucht; denn ohne mich könnt ihr nichts tun.**
*Johannes 15,5*

Bei dir, Jesu, will ich bleiben, stets in deinem Dienste stehn; nichts soll mich von dir vertreiben, will auf deinen Wegen gehn. Du bist meines Lebens Leben, meiner Seele Trieb und Kraft, wie der Weinstock seinen Reben / zuströmt Kraft und Lebenssaft.
406,1 Philipp Spitta

*Johannes 2,13–22 :: 1. Korinther 11,23–26*

11. Samstag **Ruft laut, rühmt und sprecht: Der Herr hat seinem Volk geholfen!** *Jeremia 31,7*

**Herr, gib deinen Knechten, mit allem Freimut zu reden dein Wort.** *Apostelgeschichte 4,29*

Lasse, Herr, unseren Weg in deinem Licht erstrahlen. Erfrische unsere Sinne, damit wir fähig werden, die Seelen all derer zu ermutigen, die mit uns auf der Straße des Lebens unterwegs sind zu dir. Augustinus

*1. Korinther 1,26–31 :: 1. Korinther 11,27–34*

---

SEXAGESIMAE (60 Tage vor Ostern)

Heute, wenn ihr seine Stimme hören werdet, so verstockt eure Herzen nicht. *Hebräer 3,15*

*Wochenlied: 196 oder 280*
*Lukas 8,4–8(9–15) :: Hebräer 4,12–13*
*(Pr.) 2. Korinther (11,18.23b–30) 12,1–10 :: Psalm 125*

---

12. Sonntag **Herr, ich habe lieb die Stätte deines Hauses und den Ort, da deine Ehre wohnt.**

*Psalm 26,8*

**Nach drei Tagen fanden die Eltern Jesus im Tempel sitzen, mitten unter den Lehrern, wie er ihnen zuhörte und sie fragte.** *Lukas 2,46*

Herr Jesus Christus, schon als Kind war dir Gottes Haus wichtig als Ort des Hörens und Fragens nach deinem und unserem Vater. Hilf denen, die dir nachfolgen, die Kirchen auch heute wieder zu Orten der Stärkung für das Leben im Alltag zu machen. *

13. Montag **Auch wir wollen dem Herrn dienen, denn er ist unser Gott.** *Josua 24,18*

**Man fordert nicht mehr von den Haushaltern, als dass sie für treu befunden werden.** *1. Korinther 4,2*

Wir wolln uns gerne wagen, in unsern Tagen / der Ruhe abzusagen, die's Tun vergisst. Wir wolln nach Arbeit fragen, wo welche ist, nicht an dem Amt verzagen, uns fröhlich plagen / und unsre Steine tragen aufs Baugerüst.

254,1 Nikolaus Ludwig von Zinzendorf

*5. Mose 32,44–47 :: 1. Könige 1,1–27*

14. Dienstag **Versammle mir das Volk, dass sie meine Worte hören und so mich fürchten lernen alle Tage ihres Lebens auf Erden und ihre Kinder lehren.**

*5. Mose 4,10*

# Liebe Leserinnen und liebe Leser, liebe Freunde der Herrnhuter Brüdergemeine,

wenn Sie sich mit unseren Losungen auf einen wertvollen Gedanken Gottes einlassen, können Sie sicher sein: In vielen Ländern der Welt tun das mit Ihnen gemeinsam andere Gläubige.

Dies ist ein Verdienst der Herrnhuter Missionare, die seit 280 Jahren Gottes Wort in alle Welt tragen. Im Jahr 1732 zogen die ersten beiden Brüder unter der geistlichen Leitung des Grafen von Zinzendorf aus, um die frohe Botschaft zu verkündigen und die Lebensumstände der Menschen zu verbessern.

Gerade auch in unserer Zeit, die von Globalisierung und schnellem Wertewandel gekennzeichnet ist, gibt der beständige Einsatz der Herrnhuter Mission den Benachteiligten und Schwachen Hilfe sowie Zuversicht. Auf den folgenden Seiten lernen Sie einige Projekte kennen, die nicht zuletzt Sie – Dank Ihrer treuen Spenden – möglich gemacht haben.

Im Jahr 2012 dürfen wir ein Jubiläum feiern: die Herrnhuter Mission besteht seit 280 Jahren. Menschen in ihrem Dienst wissen, dass sie nur zu pflanzen und zu pflegen brauchen, weil das Wachstum von Gott selber kommt. Denn die Liebe Christi braucht keine Eile und keine Bevormundung, um zu wirken!

In diesem Sinne sollen unsere Losungen auch für Sie die tägliche Nahrung sein, die in Ihrem Alltag die frohe Botschaft immer wieder aufs Neue zum Blühen bringt. Danke, dass Sie unsere vorgestellten Projekte einmal mehr großzügig unterstützen. Mit beigefügter Postkarte können Sie an unserem Jubiläums-Rätsel teilnehmen und Ihre persönliche Wunschlosung anfordern!

Es grüßt Sie von Herzen,
Ihr

Frieder Vollprecht

Pfarrer Frieder Vollprecht
Mitglied der Kirchenleitung

# Gelebte Mission: gestern, heute und morgen

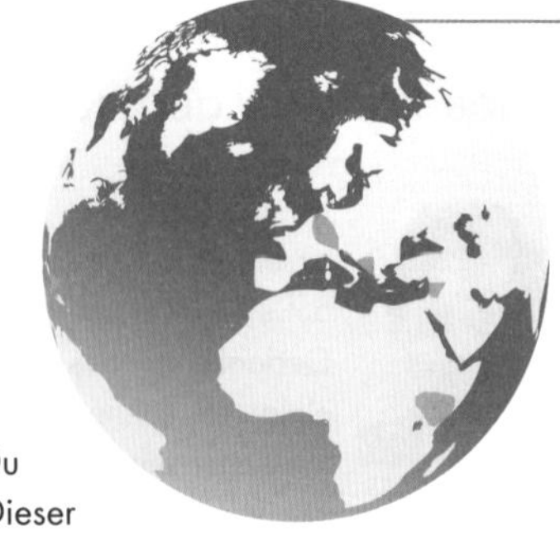

„Suche nach dem Einenden, bevor Du Dich dem Trennenden zuwendest!" Dieser Leitgedanke galt schon für Leonhard Dober und David Nitschmann. Sie waren die beiden ersten Missionare der Herrnhuter Brüdergemeine, als sie am 21.8.1732 aus dem kleinen Ort Herrnhut in der Oberlausitz in Richtung Karibik aufbrachen.

Graf Zinzendorf, geistlicher Leiter der Herrnhuter Brüdergemeine und Begründer unserer Losungen, setzte bereits zu Beginn der Missionsarbeit sein Vertrauen darauf, dass Gott längst am Werke ist, wenn man anderen Menschen das Evangelium bringt. Und 280 Jahre Erfahrung haben gezeigt: Gottes Geist ist auch unter Menschen wirksam, die ihn noch nicht kennen.

Von Beginn an wurde ein ganzheitliches Missionsverständnis verfolgt und danach gestrebt, neben der Verkündigung der Frohen Botschaft Jesu Christi auch die konkreten Lebensumstände der Menschen zu verbessern – zum Beispiel durch die Errichtung von Schulen und medizinische Hilfe.

Gerade unter den Armen in Südafrika, einer der größten Unitäts-Provinzen weltweit, erfreut sich Fußball großer Beliebtheit.

# ... und die Mission geht weiter!

Diese Schüler aus Tansania strahlen Lebensfreude aus und lassen Stolz erkennen, in einer großen Gemeinschaft etwas lernen zu dürfen.

Heute besteht die Herrnhuter Brüdergemeine weltweit aus 25 Kirchenprovinzen. Die Verkündigung des Evangeliums ist für sie untrennbar verbunden mit dem Einsatz für Gerechtigkeit, Frieden und Bewahrung der Schöpfung.

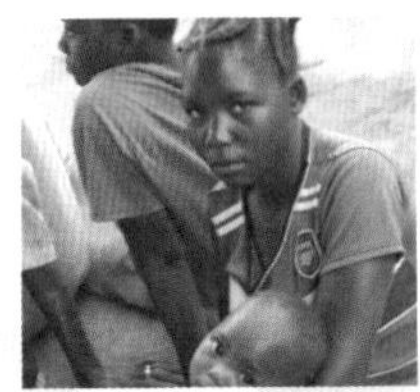
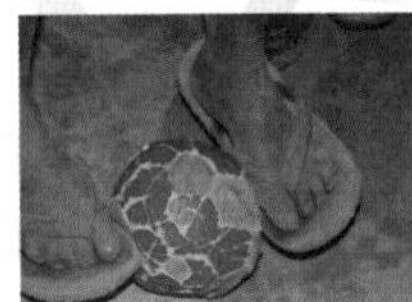

Darüber hinaus werden auch ganz neue Missionsaufgaben erfüllt. Hierfür hat die weltweite Unität ein eigenes Missionsprogramm, für das alle Kirchenprovinzen gemeinsam verantwortlich sind.

Wir unterstützen junge Menschen, wieder Mut zu fassen und die Freude am Leben neu zu entdecken. Glauben, Bildung und Zusammenhalt in der Gruppe sind die Grundlage dafür.

**Miteinander glauben, voneinander lernen, füreinander einstehen – so fasst die Herrnhuter Missionshilfe die Herausforderungen der Gegenwart und die Maßgabe für ihr Tun in der Zukunft zusammen.**

In Malawi als einem der ärmsten Länder Afrikas leiden die Kinder häufig unter den schwierigen Lebensbedingungen. In unseren Kindergärten, Schulen und in den Gemeinden finden sie wertvolle Hilfe für das Leben von morgen.

# Ein Land im Abseits

**Seit 1891 ist die Brüder-Unität in Tansania aktiv und zählt dort mittlerweile rund 600.000 Mitglieder. Damit ist die Herrnhuter Brüdergemeine eine maßgebliche Trägerin des kirchlichen Lebens.** Neben der Verkündigung des Evangeliums hilft unsere Missionsarbeit in Tansania die weit verbreitete Armut zu lindern.

Schätzungsweise mehr als 6 % der erwachsenen Einwohner Tansanias sind HIV-infiziert. Zurück bleiben Kinder, denen es am Nötigsten fehlt und die zu AIDS-Waisen werden.

Die Basisinitiative „Huruma" (übersetzt: Barmherzigkeit), die von der Herrnhuter Missionshilfe finanziell unterstützt wird, sagt AIDS den Kampf an und will die dramatischen sozialen Folgen dieser heimtückischen Krankheit lindern.

Ihre Spende unterstützt die Versorgung von AIDS-Kranken sowie die Hilfe für AIDS-Waisen. Gleichzeitig werden durch Gesundheitsstützpunkte die sanitären und hygienischen Bedingungen in vielen Haushalten nachhaltig verbessert. Beispielweise werden auch Moskitonetze zur Verfügung gestellt, denn an Malaria als Krankheit sterben jährlich noch immer etwa 60.000 Tansanier.

**Mit 50 Euro können z.B. 10 Moskitonetze finanziert werden.**

„Es ist unsere Aufgabe als Kirche, dass wir uns um Schwache, Kranke und Waisen kümmern. Sie benötigen Nahrung, Kleidung, Matratzen und Decken sowie eine schulische und berufliche Ausbildung. Es gibt viel zu tun", sagt Pfarrerin Nikwisa Mwakamele.

# Einige unserer vielen Projekte

**Bitte unterstützen Sie die Projekte der Herrnhuter Missionshilfe durch Ihre Spende. Ein Überweisungsträger liegt diesem Buch bei. Wir danken Ihnen!**

Nicaragua

In Nicaragua beteiligt sich die Herrnhuter Missionshilfe am Wiederaufbau nach den Hurricans.

→ 48 Euro finanzieren 4 Zementsäcke für den Bau einer einfachen Unterkunft.

Palästinensische Gebiete

Auf dem Sternberg, dem Förder–zentrum der Herrnhuter Brüdergemeine, entstand durch die finanzielle Unterstützung ein neuer internationaler und integrativer Kindergarten.

→ 37 Euro sichern einen Kindergartenplatz für einen Monat.

Deutschland

Als soziale Einrichtung steht die „Haltestelle Cottbus" allen Menschen offen, die Gemeinschaft, ein offenes Ohr, Freude am Leben, Halt und Orientierung suchen. Die Haltestelle muss derzeit komplett renoviert werden.

→ 28 Euro helfen, einen Eimer Farbe zu kaufen.

Tansania

Bildung ist das beste Mittel, um die Nachteile von Mädchen und Frauen in den Dörfern auszugleichen. Die Herrnhuter Missionshilfe vergibt Stipendien für die Sekundarschulausbildung an Eltern, die sich die Schulkosten nicht leisten können.

→ 20 Euro finanzieren die Schuluniform eines Schülers.

Albanien

Im albanischen Pogradec entsteht ein Zentrum für die Missionsarbeit unter Kindern und Jugendlichen, die aus sehr armen Familien stammen. Sie kommen mit der Frohen Botschaft in Berührung und starten an Wochenenden und in den Ferien zu gemeinsamen Aktivitäten.

→ 24 Euro kostet ein neuer Stuhl für das Gemeindezentrum.

# Unser vielfältiges Losungsangebot

Die Losungen der Herrnhuter Brüdergemeine erscheinen in verschiedenen Ausgaben. So kann jeder täglich den guten Gedanken Gottes in der Form erfahren, die ihm am meisten zusagt. Eines haben alle Losungsausgaben gemeinsam: Sie setzen Glaubensakzente in unserem Alltag! Folgendes Losungsangebot erhalten Sie im Buchhandel oder unter diesen Adressen:

Die Künstlerin Ursi Meury (Schweiz) hat diese besondere Geschenkausgabe im Grossdruckformat gestaltet. Eine Freude für jeden, nicht nur für Kunstliebhaber.

| | |
|---|---|
| Normalausgabe, kartoniert | 3,90 EUR |
| Geschenk-Normalausgabe | 4,80 EUR |
| Großdruckausgabe, karton. | 4,90 EUR |
| Geschenk-Großdruckausg. | 5,90 EUR |
| Großdruckausgabe, geb. | 7,50 EUR |
| Schreibausgabe, gebunden | 8,95 EUR |
| Terminkalender mit Losungen | 8,60 EUR |
| Losungsbox mit Spruchkarten | 12,90 EUR |
| Losungsbox, Nachfüllpack | 10,20 EUR |
| Losungen für junge Leute | 9,80 EUR |
| Losungs-CD | 10,70 EUR |
| Abreißkalender | 8,90 EUR |
| Ursprachenausgabe | 15,95 EUR |
| Moravian Daily Texts, engl. | 7,50 EUR |

Preisänderungen vorbehalten

Losungen in Deutsch sind über den Buchhandel erhältlich. Losungen in Englisch, Französisch und Spanisch in der Comenius-Buchhandlung

Comenius-Buchhandlung
Comeniusstr. 2, 02747 Herrnhut
Telefon 03 58 73/22 53
Telefax 03 58 73/405 44
E-Mail comenius-buchhandlung@ebu.de
www.comeniusbuchhandlung.de

Weitere Sprachen
Evangelische Brüder-Unität
Corina Halang
Zittauer Str. 20, 02747 Herrnhut
Telefon 03 58 73/487 28, Fax - 99
E-Mail fremdsprachen@ebu.de

Losungen für Blinde
Evangelische Blinden- und Sehbehindertenseelsorge
Pfarrerin Barbara Brusius
Ständeplatz 18, 34117 Kassel
Telefon 05 61/72 98 71 6
Telefax 05 61/739 40 52
E-Mail buero@debess.de

Losungen für Gehörlose
Beauftragter für Gehörlosenseelsorge
Pfarrer Christian Schröder
Tonweg 23, 32429 Minden
Telefon 05 71/648 11 06, Fax - 07
E-Mail christian.schroeder@gmx.de
www.gebaerdenkreuz.de

Mehr Informationen finden Sie im Internet unter www.losungen.de

**Bemühe dich darum, dich vor Gott zu erweisen als einen rechtschaffenen und untadeligen Arbeiter, der das Wort der Wahrheit recht austeilt.**

*2. Timotheus 2,15*

Herr, du kennst unsere Schwäche. Du weißt, wie leicht wir den Mut verlieren. Du weißt, wie ängstlich wir unsere Worte wählen und unsere Schritte setzen. Aber du hast uns gerufen. Darauf verlassen wir uns. Wirke in uns, wenn es dein Wille ist. Brauche uns und mache uns brauchbar. Nach Jörg Zink

*2. Mose 7,1–13 :: 1. Könige 1,28–53*

15. Mittwoch **Noah war ein frommer Mann und ohne Tadel zu seinen Zeiten; er wandelte mit Gott.**

*1. Mose 6,9*

**Durch den Glauben hat Noah Gott geehrt und die Arche gebaut zur Rettung seines Hauses, als er ein göttliches Wort empfing über das, was man noch nicht sah.** *Hebräer 11,7*

Stärk das Wollen und das Können, gib mir den gewissen Geist, mich jetzt freudig dein zu nennen, glauben, wie dein Wort mich heißt. Kann ich dich nicht feste halten, desto fester halt du mich; lass mein Herz nicht ganz erkalten, bis mein Glaub erholet sich.

BG 429,2–3 Henriette Katharina von Gersdorf

*Markus 6,1–6 :: 1. Könige 2,1–12*

16. Donnerstag **Du bist mein Helfer und Erretter; mein Gott, säume doch nicht!** *Psalm 40,18*

**Ein Aussätziger kam zu Jesus, der bat ihn, kniete nieder und sprach zu ihm: Willst du, so kannst du mich reinigen. Und es jammerte ihn und er streckte die Hand aus, rührte ihn an und sprach zu ihm: Ich will's tun; sei rein!** *Markus 1,40–41*

Mein Gott, meinen stummen Schmerz halte ich dir hin. Du entlockst mir die unterdrückte Klage, du befreist die ungeweinten Tränen und löst die Erstarrung des Herzens. Lass mich nicht zu entkräften suchen, was deine Liebe mir zuspricht. Sabine Naegeli

*Lukas 6,43–49 :: 1. Könige 3,1–15*

17. Freitag **Wohl dem, der seine Hoffnung setzt auf den HERRN!** *Psalm 40,5*

**Hoffen wir allein in diesem Leben auf Christus, so sind wir die elendesten unter allen Menschen.** *1. Korinther 15,19*

Leb ich, Gott, bist du bei mir, sterb ich, bleib ich auch bei dir, und im Leben und im Tod / bin ich dein, du lieber Gott! 408,6 Arno Pötzsch

*Johannes 12,34–36(37–42) :: 1. Könige 3,16–28*

18. Samstag **Siehe, das ist mein Knecht – ich halte ihn – und mein Auserwählter, an dem meine Seele Wohlgefallen hat.** *Jesaja 42,1*

**Jesus Christus empfing von Gott, dem Vater, Ehre und Preis durch eine Stimme, die zu ihm kam von der großen Herrlichkeit: Dies ist mein lieber Sohn, an dem ich Wohlgefallen habe.** *2. Petrus 1,17*

Lass uns so vereinigt werden, wie du mit dem Vater bist, bis schon hier auf dieser Erden / kein getrenntes Glied mehr ist, und allein von deinem Brennen / nehme unser Licht den Schein; also wird die Welt erkennen, dass wir deine Boten sein.
BG 454,9 Nach Nikolaus Ludwig von Zinzendorf

*Matthäus 13,31–35 :: 1. Könige 5,1–14*

---

ESTOMIHI (Sei mir ein starker Fels! Psalm 31,3)

Seht, wir gehen hinauf nach Jerusalem, und es wird alles vollendet werden, was geschrieben ist durch die Propheten von dem Menschensohn. *Lukas 18,31*

*Wochenlied: 413 oder 384*
*Markus 8,31–38 :: 1. Korinther 13,1–13*
*(Pr.) Amos 5,21–24 :: Psalm 31*

---

19. Sonntag **Der Herr allein ist im Recht; denn seinem Worte habe ich getrotzt.** *Klagelieder 1,18*

**Der Sohn sprach: Vater, ich habe gesündigt gegen den Himmel und vor dir; ich bin hinfort nicht mehr wert, dass ich dein Sohn heiße.** *Lukas 15,21*

Ich kann in Ewigkeit und Zeit, mein Gott, mir nichts erwerben. Mir bleibt nur dein' Barmherzigkeit / im Leben und im Sterben. Du liebst, die arm und hungrig sind; o lieb mich, dein verlornes Kind, und lass mich nicht verderben. Arno Pötzsch

20. Montag **Fürchte dich nicht und verzage nicht!** *Josua 8,1*

**Fürchte dich nicht! Ich bin der Erste und der Letzte und der Lebendige.** *Offenbarung 1,17–18*

Gott über uns, Gott neben uns, Gott mitten unter uns, der Anfang, das Ende und der, der bleibt. Die Welt hat er hell gemacht und mir den Lebensatem eingehaucht.

*Lukas 13,31–35 :: 1. Könige 5,15–32*

21. Dienstag **Weißt du nicht? Hast du nicht gehört? Der Herr, der ewige Gott, der die Enden der Erde geschaffen hat, wird nicht müde noch matt, sein Verstand ist unausforschlich.** *Jesaja 40,28*

**Gott hat sich selbst nicht unbezeugt gelassen, hat viel Gutes getan und euch vom Himmel Regen und fruchtbare Zeiten gegeben, hat euch ernährt und eure Herzen mit Freude erfüllt.**

*Apostelgeschichte 14,17*

Ich selber kann und mag nicht ruhn, des großen Gottes großes Tun / erweckt mir alle Sinnen; ich singe mit, wenn alles singt, und lasse, was dem Höchsten klingt, aus meinem Herzen rinnen. 503,8 Paul Gerhardt

*Lukas 5,33–39 :: 1. Könige 6,1–14*

Beginn der Passionszeit

22. Mittwoch **Du hast meine Seele vom Tode errettet, mein Auge von den Tränen, meinen Fuß vom Gleiten.** *Psalm 116,8*

**Petrus stieg aus dem Boot und ging auf dem Wasser und kam auf Jesus zu. Als er aber den starken Wind**

**sah, erschrak er und begann zu sinken und schrie: Herr, hilf mir! Jesus aber streckte sogleich die Hand aus und ergriff ihn.** *Matthäus 14,29–31*

Es gibt keine Heiligen ohne Vergangenheit und keine Sünder ohne Zukunft. Gerhard Jan Rötting

*Matthäus 6,16–21 oder 2. Petrus 1,2–11 :: 1. Könige 8,1–14*

23. Donnerstag **Fürchte dich nicht, denn du sollst nicht zuschanden werden.** *Jesaja 54,4*

Christus spricht: **Wenn man euch abführt und vor Gericht stellt, dann sorgt euch nicht im Voraus, was ihr reden sollt, sondern was euch in jener Stunde eingegeben wird, das redet. Denn nicht ihr seid es, die reden, sondern der Heilige Geist.** *Markus 13,11*

Gelobet sei der Herr, mein Gott, mein Trost, mein Leben, des Vaters werter Geist, den mir der Sohn gegeben, der mir mein Herz erquickt, der mir gibt neue Kraft, der mir in aller Not / Rat, Trost und Hilfe schafft.
139,3 Johann Olearius

*Sacharja 7,2–13 :: 1. Könige 8,22–40*

24. Freitag **Ich freue mich deines Heils.** *1. Samuel 2,1*

**Als Jesus auferstanden war früh am ersten Tag der Woche, erschien er zuerst Maria von Magdala. Und sie ging hin und verkündete es denen, die mit ihm gewesen waren und Leid trugen und weinten.** *Markus 16,9.10*

Herr, mach uns Mut, vorzuleben, was der Grund der Hoffnung ist, die uns trägt und anspornt. Halte du den Osterglauben in uns wach. Hans-Gerd Krabbe

*Johannes 8,21–30 :: 1. Könige 8,41–53*

25. Samstag **Gott, du bist mein Gott, den ich suche. Es dürstet meine Seele nach dir.** *Psalm 63,2*

Christus spricht: **Trachtet zuerst nach dem Reich Gottes und nach seiner Gerechtigkeit, so wird euch das alles zufallen.** *Matthäus 6,33*

Wer erst nach Gottes Reiche tracht' und bleibt auf seinen Wegen, der wird von ihm gar reich gemacht durch seinen milden Segen. Da wird der Fromme froh und satt, dass er von seiner Arbeit hat / auch Armen Brot zu geben. 494,3 Salomo Liscow

*Daniel 5,1–7.17–30 :: 1. Könige 8,54–66*

---

INVOKAVIT
(Er ruft mich an, darum will ich ihn erhören.
Psalm 91,15)

Dazu ist erschienen der Sohn Gottes, dass er die Werke des Teufels zerstöre. *1. Johannes 3,8b*

*Wochenlied: 362 oder 347*
*Matthäus 4,1–11 :: Hebräer 4,14–16*
*(Pr.) 2. Korinther 6,1–10 :: Psalm 91*

---

26. Sonntag **Ich will sie gnädig ansehen und will sie bauen und nicht verderben, ich will sie pflanzen und nicht ausreißen.** *Jeremia 24,6*

**Es ist weder der pflanzt noch der begießt etwas, sondern Gott, der das Gedeihen gibt.**

*1. Korinther 3,7*

Wir pflügen, und wir streuen / den Samen auf das Land, doch Wachstum und Gedeihen / steht in des Himmels Hand: der tut mit leisem Wehen / sich mild und heimlich auf / und träuft, wenn heim wir gehen, Wuchs und Gedeihen drauf. Alle gute Gabe kommt her von Gott dem Herrn, drum dankt ihm, dankt und hofft auf ihn! 508,1 Nach Matthias Claudius

27. Montag **Es werden sich zum Herrn bekehren aller Welt Enden und vor ihm anbeten alle Geschlechter der Heiden.** *Psalm 22,28*

**Gott will, dass allen Menschen geholfen werde und sie zur Erkenntnis der Wahrheit kommen.**

*1. Timotheus 2,4*

Die große Schuld des Menschen sind nicht die Sünden, die er begeht – die Versuchung ist mächtig und seine Kraft gering –, die große Schuld des Menschen ist, dass er in jedem Augenblick die Umkehr tun kann und nicht tut. Martin Buber

*1. Johannes 3,7–11(12) :: 1. Könige 9,1–9*

28. Dienstag **Die sich halten an das Nichtige, verlassen ihre Gnade.** *Jona 2,9*

**Geldgier ist eine Wurzel alles Übels; danach hat einige gelüstet und sie sind vom Glauben abgeirrt und machen sich selbst viel Schmerzen.**

*1. Timotheus 6,10*

Gott ruft uns in unserer Beschäftigung mit den vielerlei Dingen zur Besinnung auf das Wenige, was nötig ist, und zur Begegnung mit dem Einen, der gekommen ist, damit wir das Leben und volle Genüge haben.

Johann Amos Comenius

*Hiob 1,1–22 :: 1. Könige 10,1–13*

29. Mittwoch **Der Mensch, vom Weibe geboren, lebt kurze Zeit und ist voll Unruhe.** *Hiob 14,1*

**Gesät wird in Niedrigkeit, auferweckt wird in Herrlichkeit. Gesät wird in Schwachheit, auferweckt wird in Kraft.** *1. Korinther 15,43*

Der du allein der Ewge heißt / und Anfang, Ziel und Mitte weißt / im Fluge unsrer Zeiten: bleib du uns gnädig zugewandt / und führe uns an deiner Hand, damit wir sicher schreiten. 64,6 Jochen Klepper

*1. Korinther 10,9–13 :: 1. Könige 10,14–29*

# MÄRZ

*Monatsspruch:* Der Menschensohn ist nicht gekommen, um sich dienen zu lassen, sondern um zu dienen und sein Leben hinzugeben als Lösegeld für viele.

*Markus 10,45*

1. Donnerstag **Wahrlich, das ist Gott, unser Gott für immer und ewig. Er ist's, der uns führet.**

*Psalm 48,15*

**Lasst uns festhalten an dem Bekenntnis der Hoffnung und nicht wanken; denn er ist treu, der sie verheißen hat.** *Hebräer 10,23*

Lass mich dein sein und bleiben, du treuer Gott und Herr, von dir lass mich nichts treiben, halt mich bei deiner Lehr. Herr, lass mich nur nicht wanken, gib mir Beständigkeit; dafür will ich dir danken / in alle Ewigkeit. 157 Nikolaus Selnecker

*Jakobus 4,1–10 :: 1. Könige 11,1–13*

1. März 1457: Anfang der Brüder-Unität in Böhmen

Weltgebetstag – Frauen laden ein

2. Freitag **Er weiß, was in der Finsternis liegt, denn bei ihm ist lauter Licht.** *Daniel 2,22*

**Es ist nichts verborgen, was nicht offenbar werden soll, und ist nichts geheim, was nicht an den Tag kommen soll.** *Markus 4,22*

Urquell alles Lichts, dir verhüllt sich nichts. Wollt ich dir auch nichts bekennen, würdest du mich doch erkennen. Ja, du kennest mich / besser noch als ich.
BG 713,2 Philipp Spitta

*Hebräer 2,11–18 :: 1. Könige 11,14–25*

3. Samstag **Gott ist mein König von alters her, der alle Hilfe tut, die auf Erden geschieht.** *Psalm 74,12*

**Wo Jesus in Dörfer, Städte und Höfe hineinging, da legten sie die Kranken auf den Markt und baten ihn, dass diese auch nur den Saum seines Gewandes berühren dürften; und alle, die ihn berührten, wurden gesund.** *Markus 6,56*

Der mich bisher hat ernähret / und mir manches Glück bescheret, ist und bleibet ewig mein. Der mich wunderbar geführet / und noch leitet und regieret, wird forthin mein Helfer sein. 352,2 Nürnberg 1676

*Offenbarung 20,1–6 :: 1. Könige 11,26–43*

Gebetstag für bedrängte und verfolgte Christen

---

REMINISZERE
(Gedenke, Herr, an deine Barmherzigkeit!
Psalm 25,6)

Gott erweist seine Liebe zu uns darin, dass Christus für uns gestorben ist, als wir noch Sünder waren.
*Römer 5,8*

*Wochenlied: 366*
*Markus 12,1–12 :: Römer 5,1–5(6–11) :: (Pr.) Jesaja 5,1–7*
*Psalm 123*

4. Sonntag **Wer unter dem Schirm des Höchsten sitzt und unter dem Schatten des Allmächtigen bleibt, der spricht zu dem Herrn: Meine Zuversicht und meine Burg, mein Gott, auf den ich hoffe.**

*Psalm 91,1–2*

**Gott hat uns nicht gegeben den Geist der Furcht, sondern der Kraft und der Liebe und der Besonnenheit.** *2. Timotheus 1,7*

Sing, bet und geh auf Gottes Wegen, verricht das Deine nur getreu / und trau des Himmels reichem Segen, so wird er bei dir werden neu. Denn welcher seine Zuversicht / auf Gott setzt, den verlässt er nicht.

369,7 Georg Neumark

5. Montag **Mose sprach zu Gott: Wer bin ich, dass ich zum Pharao gehe und führe die Israeliten aus Ägypten? Gott sprach: Ich will mit dir sein.**

*2. Mose 3,11–12*

**Nicht der ist tüchtig, der sich selbst empfiehlt, sondern der, den der Herr empfiehlt.** *2. Korinther 10,18*

Herr, wir danken dir für Geschichten von Menschen, die sich von dir rufen ließen. Auch wenn ihre Wege nicht gefahrlos gewesen sind, warst du immer bei ihnen. Lass uns selbst nicht zögern, wenn du uns rufst. *

*Jeremia 26,1–3.7–16.24 :: Markus 10,32–34*

6. Dienstag **Es segne uns Gott, und alle Welt fürchte ihn!** *Psalm 67,8*

**Gelobt sei Gott, der Vater unseres Herrn Jesus Christus, der uns gesegnet hat mit allem geistlichen Segen im Himmel durch Christus.** *Epheser 1,3*

Gelobet seist du, Jesu Christ, dass du ein Mensch geboren bist / und hast für mich und alle Welt / bezahlt ein ewig Lösegeld. Du Ehrenkönig Jesu Christ, des Vaters ein'ger Sohn du bist; erbarme dich der ganzen Welt / und segne, was sich zu dir hält.
350,4–5 Nikolaus Ludwig von Zinzendorf

*Hiob 2,1–10 :: Markus 10,35–45*

7. Mittwoch **Der HERR, euer Gott, ist der Gott aller Götter und der Herr über alle Herren, der große Gott, der Mächtige und der Schreckliche, der die Person nicht ansieht und kein Geschenk nimmt.**
*5. Mose 10,17*

**Von ihm und durch ihn und zu ihm sind alle Dinge. Ihm sei Ehre in Ewigkeit!** *Römer 11,36*

Ihr, die ihr Christi Namen nennt, gebt unserm Gott die Ehre; ihr, die ihr Gottes Macht bekennt, gebt unserm Gott die Ehre! Die falschen Götzen macht zu Spott; der Herr ist Gott, der Herr ist Gott! Gebt unserm Gott die Ehre! 326,8 Johann Jakob Schütz

*2. Mose 17,1–7 :: Markus 10,46–52*

8. Donnerstag **Mein Volk tut eine zwiefache Sünde: mich, die lebendige Quelle, verlassen sie und machen sich Zisternen, die doch rissig sind und kein Wasser geben.** *Jeremia 2,13*

Christus spricht: **Kommt her zu mir, alle, die ihr mühselig und beladen seid; ich will euch erquicken.**

*Matthäus 11,28*

Ich hörte Jesu Wort und Ruf: »Komm her, beladnes Herz! An meinem Herzen findst du Ruh / für allen deinen Schmerz.« Ich kam zu ihm, so wie ich war: beladen, müd und matt; und hier bei ihm, da fand ich Ruh. Mein Herz nun Frieden hat.

BG 1049,1 Nach Horatius Bonar

*1. Johannes 1,8–2,2(3–6) :: Markus 11,1–11*

9. Freitag **Meine Worte, die ich in deinen Mund gelegt habe, sollen von deinem Mund nicht weichen noch von dem Mund deiner Kinder und Kindeskinder.** *Jesaja 59,21*

**Des Herrn Wort bleibt in Ewigkeit. Das ist aber das Wort, welches unter euch verkündigt ist.**

*1. Petrus 1,24–25*

Wir bitten dich, o Gott, um Leben, damit wir sehen können, wie unsere Kinder heranwachsen; um Geduld, damit wir sie lehren können, ohne sie zu bevormunden; um Weisheit, damit unsere Taten sie nicht mit Vorurteilen belasten; um Liebe, damit wir ihnen behutsam ein Ziel weisen; um Segen, damit wir zu dem Weg, den sie einschlagen werden, Ja sagen können. Aus Bolivien

*Lukas 9,43b–48 :: Markus 11,12–19*

10. Samstag **Meine Seele ist stille zu Gott, der mir hilft.** *Psalm 62,2*

Christus spricht: **Alles, was ihr bittet in eurem Gebet, glaubt nur, dass ihr's empfangt, so wird's euch zuteil werden.** *Markus 11,24*

Man halte nur ein wenig stille und sei doch in sich selbst vergnügt, wie unsers Gottes Gnadenwille, wie sein Allwissenheit es fügt; Gott, der uns sich hat auserwählt, der weiß auch sehr wohl, was uns fehlt.
369,3 Georg Neumark

*Galater 2,16–21 :: Markus 11,20–25*

---

OKULI
(Meine Augen sehen stets auf den HERRN.
Psalm 25,15)

Wer seine Hand an den Pflug legt und sieht zurück, der ist nicht geschickt für das Reich Gottes.
*Lukas 9,62*

*Wochenlied: 82 oder 96*
*Lukas 9,57–62 :: Epheser 5,1–8a*
*(Pr.) 1. Petrus 1,(13–17)18–21 :: Psalm 129*

---

11. Sonntag **Der Name des HERRN ist ein starker Turm; dorthin eilt der Fromme und ist geborgen.**
*Sprüche 18,10*

Jesus sprach: **Wer zu mir kommt und hört meine Rede und tut sie – ich will euch zeigen, wem er gleicht. Er gleicht einem Menschen, der ein Haus baute und grub tief und legte den Grund auf Fels.**
*Lukas 6,47–48*

Herr, ich habe keinen anderen Helfer als dich, keinen anderen Erlöser, keinen anderen Halt. Zu dir bete ich. Nur du kannst mir helfen. Lass mich wissen, dass du stärker bist als alle Not und alle meine Feinde.

Aus Afrika

12. Montag **Der Herr schafft Recht den Waisen und Witwen und hat die Fremdlinge lieb, dass er ihnen Speise und Kleider gibt. Darum sollt ihr auch die Fremdlinge lieben.** *5. Mose 10,18.19*

**Solche sollen wir aufnehmen, damit wir Gehilfen der Wahrheit werden.** *3. Johannes 8*

Herr, deine Größe ermuntere mich zu Großzügigkeit, deine Liebe lehre mich, Gutes zu tun, deine Freude sei mir Ansporn, anderen Freude zu bereiten.

Adalbert Ludwig Balling

*Lukas 14,(25–26)27–33(34–35) :: Markus 11,27–33*

13. Dienstag **Du bist doch der Herr, unser Gott, auf den wir hoffen.** *Jeremia 14,22*

**Wir warten auf die selige Hoffnung und Erscheinung der Herrlichkeit des großen Gottes und unseres Heilands Jesus Christus.** *Titus 2,13*

Wir warten dein, o Gottes Sohn, und lieben dein Erscheinen. Wir wissen dich auf deinem Thron / und nennen uns die Deinen. Wer an dich glaubt, erhebt sein Haupt / und siehet dir entgegen; du kommst uns ja zum Segen. 152,1 Philipp Friedrich Hiller

*Hiob 7,11–21 :: Markus 12,1–12*

14. Mittwoch **So gingen Mose und Aaron hin zum Pharao und sprachen zu ihm: So spricht der Herr: Lass mein Volk ziehen, dass es mir diene!**

*2. Mose 10,3*

**Gott widersteht den Hochmütigen, aber den Demütigen gibt er Gnade.** *1. Petrus 5,5*

Treuer Gott, Mose und Aaron haben dir gehorcht. Sie haben verstanden, du willst Freiheit für dein Volk. Und dagegen konnte auch der Hochmut des Pharao nichts ausrichten. Auch uns wirst du gnädig sein, wenn wir in Demut unser Vertrauen auf dich setzen. *

*Markus 9,38–41(42–47) :: Markus 12,13–17*

15. Donnerstag **Der Herr wird seinem Volk Kraft geben.** *Psalm 29,11*

**Durch Christus Jesus seid ihr in allen Stücken reich gemacht in aller Lehre und in aller Erkenntnis.**

*1. Korinther 1,5*

Wenn dein Herze mit uns ist, fehlt's an keinem Segen / und wir gehn mit dir, Herr Christ, Fried und Freud entgegen. BG 863,3 Nikolaus Ludwig von Zinzendorf

*Markus 8,(10–13)14–21 :: Markus 12,18–27*

16. Freitag **Gib mir, mein Sohn, dein Herz, und lass deinen Augen meine Wege wohlgefallen.**

*Sprüche 23,26*

**Jesus sah den reichen Mann an und gewann ihn lieb und sprach zu ihm: Eines fehlt dir. Geh hin, verkau-**

**fe alles, was du hast, und gib's den Armen, so wirst du einen Schatz im Himmel haben, und komm und folge mir nach!** *Markus 10,21*

Unsre Wege wollen wir / nur in Jesu Namen gehen. Geht uns dieser Leitstern für, so wird alles wohl bestehen / und durch seinen Gnadenschein / alles voller Segen sein. 62,3 Benjamin Schmolck

*Matthäus 10,34–39 :: Markus 12,28–34*

17. Samstag **Menschen sind ja nichts, große Leute täuschen auch; sie wiegen weniger als nichts, soviel ihrer sind.** *Psalm 62,10*

Christus spricht: **Wahrlich, ich sage euch: Wer das Reich Gottes nicht empfängt wie ein Kind, der wird nicht hineinkommen.** *Markus 10,15*

Gott, lass dein Heil uns schauen, auf nichts Vergänglichs trauen, nicht Eitelkeit uns freun; lass uns einfältig werden / und vor dir hier auf Erden / wie Kinder fromm und fröhlich sein. 482,5 Matthias Claudius

*Lukas 17,28–33 :: Markus 12,35–37*

---

LÄTARE (Freuet euch mit Jerusalem! Jesaja 66,10)

Wenn das Weizenkorn nicht in die Erde fällt und erstirbt, bleibt es allein; wenn es aber erstirbt, bringt es viel Frucht. *Johannes 12,24*

*Wochenlied: 98 oder 386*
*Johannes 12,20–26 :: 2. Korinther 1,3–7*
*(Pr.) Philipper 1,15–21 :: Psalm 132*

---

18. Sonntag **Sieh doch, dass dies Volk dein Volk ist.**
*2. Mose 33,13*

**Der feste Grund Gottes besteht und hat dieses Siegel: Der Herr kennt die Seinen.** *2. Timotheus 2,19*

Er kennt sie an der Liebe, die seiner Liebe Frucht / und die mit lauterm Triebe ihm zu gefallen sucht, die andern so begegnet, wie er das Herz bewegt, die segnet, wie er segnet, und trägt, wie er sie trägt.
358,4 Philipp Spitta

19. Montag Jeremia sprach: **Mich jammert von Herzen, dass mein Volk so ganz zerschlagen ist. Ist denn keine Salbe in Gilead, oder ist kein Arzt da?**
*Jeremia 8,21.22*

**Die Frau spürte es am Leibe, dass sie von ihrer Plage geheilt war. Und Jesus spürte sogleich an sich selbst, dass eine Kraft von ihm ausgegangen war.**
*Markus 5,29–30*

Jesus, unsre Hoffnung, in dir finden wir den Trost, mit dem Gott unser Leben überfluten kann, und wir begreifen, dass wir dir im Gebet alles überlassen, alles anvertrauen können. Frère Roger, Taizé

*5. Mose 8,2–10 :: Markus 12,38–40*

20. Dienstag **Wir haben gesündigt samt unsern Vätern, wir haben unrecht getan und sind gottlos gewesen.** *Psalm 106,6*

**Wer keine Leistung vorzuweisen hat, aber an den glaubt, der den Gottlosen gerecht macht, dem wird sein Glaube als Gerechtigkeit angerechnet.**

*Römer 4,5*

Meins Herzens Kron, mein Freudensonn / sollst du, Herr Jesu, bleiben; lass mich doch nicht von deinem Licht / durch Eitelkeit vertreiben; bleib du mein Preis, dein Wort mich speis, bleib du mein Ehr, dein Wort mich lehr, an dich stets fest zu glauben.

346,4 Georg Weissel

*Hiob 9,14–23.32–35 :: Markus 12,41–44*

21. Mittwoch **Dünke dich nicht weise zu sein, sondern fürchte den Herrn und weiche vom Bösen.**

*Sprüche 3,7*

**Christus Jesus ist uns von Gott gemacht zur Weisheit und zur Gerechtigkeit und zur Heiligung und zur Erlösung.** *1. Korinther 1,30*

Ach lass mich weise werden, allweiser Jesu Christ, der du uns hier auf Erden / zur Weisheit worden bist. Wer dich weiß, weiß genug; dich lieben, dich genießen, ist mehr als alles Wissen; wer dir folgt, der ist klug.

Philipp Friedrich Hiller

*Johannes 15,9–17 :: Markus 13,1–13*

22. Donnerstag **Lass deine Augen offen stehen über diesem Hause Nacht und Tag, über der Stätte, von der du gesagt hast: Da soll mein Name sein.**

*1. Könige 8,29*

**Jesus sprach: Macht nicht meines Vaters Haus zum Kaufhaus!** *Johannes 2,16*

Wir bitten Gott, den ewigen Vater unseres Heilands Jesus Christus, er wolle gnädig das Licht seines Evangeliums erhalten und wolle es nicht durch menschlichen Leichtsinn und Gedankenlosigkeit austilgen lassen.
Philipp Melanchthon

*2. Korinther 4,11–18 :: Markus 13,14–23*

23. Freitag **Herr, es ist dir nicht schwer, dem Schwachen gegen den Starken zu helfen.**
*2. Chronik 14,10*

Paulus schreibt: **Gott, dem ich diene, wird euch alles geben, was ihr braucht, so gewiss er euch durch Jesus Christus am Reichtum seiner Herrlichkeit teilhaben lässt.** *Philipper 4,19*

Gottes Herrlichkeit wird dann am höchsten unter uns veranschaulicht, wenn wir nichts mehr als Gefäße seiner Barmherzigkeit sind. Johannes Calvin

*Johannes 10,17–26 :: Markus 13,24–27*

24. Samstag **Ich weiß, mein Gott, dass du das Herz prüfst, und Aufrichtigkeit ist dir angenehm.**
*1. Chronik 29,17*

Christus spricht: **Wenn ihr steht und betet, so vergebt, wenn ihr etwas gegen jemanden habt, damit auch euer Vater im Himmel euch vergebe eure Übertretungen.** *Markus 11,25*

Drum auch, Jesu, du alleine / sollst mein Ein und Alles sein; prüf, erfahre, wie ich's meine, tilge allen Heuchelschein. Sieh, ob ich auf bösem, betrüglichem Stege, und leite mich, Höchster, auf ewigem Wege; gib, dass ich nichts achte, nicht Leben noch Tod, und Jesus gewinne: dies Eine ist not. 386,10 Johann Heinrich Schröder

*Johannes 14,15–21 :: Markus 13,28–37*

---

JUDIKA (Gott, schaffe mir Recht! Psalm 43,1)

Der Menschensohn ist nicht gekommen, dass er sich dienen lasse, sondern dass er diene und gebe sein Leben zu einer Erlösung für viele. *Matthäus 20,28*

*Wochenlied: 76*

*Markus 10,35–45 :: Hebräer 5,7–9 :: (Pr.) 4. Mose 21,4–9*

*Psalm 102*

---

25. Sonntag **Sie werden weder hungern noch dürsten, sie wird weder Hitze noch Sonne stechen; denn ihr Erbarmer wird sie führen und sie an die Wasserquellen leiten.** *Jesaja 49,10*

**Gott hat den Heiligen Geist reichlich über uns ausgegossen durch Jesus Christus, unsern Heiland, damit wir, durch dessen Gnade gerecht geworden, Erben des ewigen Lebens würden nach unsrer Hoffnung.** *Titus 3,6–7*

Gott Vater, Sohn und Heilger Geist, o Segensbrunn, der ewig fließt: durchfließ Herz, Sinn und Wandel wohl, mach uns deins Lobs und Segens voll!
140,5 Gerhard Tersteegen

26. Montag **Der HERR sprach zu Jeremia: Siehe, ich lege meine Worte in deinen Mund.** *Jeremia 1,9*

**Fürchte dich nicht, sondern rede und schweige nicht!** *Apostelgeschichte 18,9*

Gott spricht nicht nur zu uns, sondern er spricht auch durch uns. Hans Peter Royer

*Hebräer (6,20)7,1–3(16–17)24–27 :: Markus 14,1–11*

27. Dienstag **Lobet ihn, Sonne und Mond, lobet ihn, alle leuchtenden Sterne! Denn er gebot, da wurden sie geschaffen.** *Psalm 148,3.5*

**Herr, unser Gott, du bist würdig, zu nehmen Preis und Ehre und Kraft; denn du hast alle Dinge geschaffen, und durch deinen Willen waren sie und wurden sie geschaffen.** *Offenbarung 4,11*

Wunderbarer König, Herrscher von uns allen, lass dir unser Lob gefallen. Deine Vatergüte hast du lassen fließen, ob wir schon dich oft verließen. Hilf uns noch, stärk uns doch; lass die Zunge singen, lass die Stimme klingen. 327,1 Joachim Neander

*Hiob 19,21–27 :: Markus 14,12–16*

28. Mittwoch **Wenn ihr zur Rechten oder zur Linken abweichen wollt, werden deine Ohren den Ruf hinter dir vernehmen: »Dies ist der Weg, den gehet!«** *Jesaja 30,21*

Christus spricht: **Ich bin der Weg und die Wahrheit und das Leben; niemand kommt zum Vater denn durch mich.** *Johannes 14,6*

Herr Jesu Christ, dich zu uns wend, dein' Heilgen Geist du zu uns send, mit Hilf und Gnad er uns regier / und uns den Weg zur Wahrheit führ.
155,1 Wilhelm II. von Sachsen-Weimar (?)

*Hebräer 9,11–15 :: Markus 14,17–25*

29. Donnerstag **Frage doch zuerst nach dem Wort des HERRN!** *2. Chronik 18,4*

**Bleibe bei dem, was du gelernt hast und was dir anvertraut ist.** *2. Timotheus 3,14*

Mein Herr und Heiland, lehre mich das vertrauensvolle Loslassen und das bereitwillige Empfangen dessen, was du für mich vorgesehen hast. Gib mir Mut und Entschiedenheit zu diesem heilbringenden Wagnis meiner Existenz vor dir. Nach Peter Dyckhoff

*1. Korinther 2,1–5 :: Markus 14,26–31*

30. Freitag **Denen nichts davon verkündet ist, die werden es nun sehen.** *Jesaja 52,15*

**Die Jünger zogen aus und predigten an allen Orten. Und der Herr wirkte mit ihnen und bekräftigte das Wort durch die mitfolgenden Zeichen.** *Markus 16,20*

Ewiger Gott, dich bitten wir, dass dein Wort lebt unter uns, dass dein Wort die Ohren erreicht und die Herzen bewegt. Gerhard Engelsberger

*Hebräer 10,1.11–18 :: Markus 14,32–42*

31. Samstag **Ich will zu Gott rufen und der Herr wird mir helfen.** *Psalm 55,17*

**Auf Gott hoffen wir, er werde uns auch hinfort erretten.** *2. Korinther 1,10*

Der ewigreiche Gott woll uns bei unserm Leben / ein immer fröhlich Herz und edlen Frieden geben / und uns in seiner Gnad / erhalten fort und fort / und uns aus aller Not / erlösen hier und dort.
321,2 Martin Rinckart

*Offenbarung 14,1–3(4.5) :: Markus 14,43–52*

# APRIL

*Monatsspruch:* Jesus Christus spricht: Geht hinaus in die ganze Welt, und verkündet das Evangelium allen Geschöpfen! *Markus 16,15*

## PALMSONNTAG

Der Menschensohn muss erhöht werden, damit alle, die an ihn glauben, das ewige Leben haben.
*Johannes 3,14.15*

*Wochenlied: 87*
*Johannes 12,12–19 :: Philipper 2,5–11*
*(Pr.) Jesaja 50,4–9 :: Psalm 88*

1. Sonntag **Siehe, ich lege euch heute vor den Segen und den Fluch: den Segen, wenn ihr gehorcht den Geboten des HERRN, eures Gottes; den Fluch aber, wenn ihr nicht gehorchen werdet den Geboten des HERRN, eures Gottes.** *5. Mose 11,26–27.28*

**Das Himmelreich gleicht einem Kaufmann, der gute Perlen suchte, und als er eine kostbare Perle fand, ging er hin und verkaufte alles, was er hatte, und kaufte sie.** *Matthäus 13,45–46*

Schaff in mir, Herr, den neuen Geist, der dir mit Lust Gehorsam leist' / und nichts sonst, als was du willst, will; ach Herr, mit ihm mein Herz erfüll.
390,2 Johann Friedrich Ruopp

2. Montag **Es freue sich das Herz derer, die den Herrn suchen!** *Psalm 105,3*

**Was sucht ihr den Lebenden bei den Toten?** *Lukas 24,5*

Kein Zepter, keine Krone / sucht er auf dieser Welt; im hohen Himmelsthrone / ist ihm sein Reich bestellt. Er will hier seine Macht / und Majestät verhüllen, bis er des Vaters Willen / im Leiden hat vollbracht.
9,3 Michael Schirmer

*Römer 5,6–11 :: Markus 14,53–65*

3. Dienstag **Redet mit Jerusalem freundlich und predigt ihr, dass ihre Knechtschaft ein Ende hat, dass ihre Schuld vergeben ist.** *Jesaja 40,2*

**Christus hat unsre Sünde selbst hinaufgetragen an seinem Leibe auf das Holz, damit wir, der Sünde abgestorben, der Gerechtigkeit leben.** *1. Petrus 2,24*

Wir danken dir, Herr Jesu Christ, dass du für uns gestorben bist / und hast uns durch dein teures Blut / gemacht vor Gott gerecht und gut.
79,1 Christoph Fischer

*Hiob 38,1–11; 42,1–6 :: Markus 14,66–72*

4. Mittwoch **Der Herr hebe sein Angesicht über dich und gebe dir Frieden.** *4. Mose 6,26*

**Der Friede Gottes, der höher ist als alle Vernunft, bewahre eure Herzen und Sinne in Christus Jesus.** *Philipper 4,7*

O Jesu Christ, Sohn eingeborn / des allerhöchsten Vaters, Versöhner derer, die verlorn, du Stiller unsers Haders, Lamm Gottes, heilger Herr und Gott: nimm an die Bitt aus unsrer Not, erbarm dich unser aller.
179,3 Nikolaus Decius

*Jesaja 26,20–21 :: Markus 15,1–15*

GRÜNDONNERSTAG

Er hat ein Gedächtnis gestiftet seiner Wunder, der gnädige und barmherzige HERR. *Psalm 111,4*

*Lied: 223*

*Johannes 13,1–15(34–35) :: 1. Korinther 11,23–26*

*(Pr.) 1. Korinther 10,16–17 :: Markus 15,16–23*

5. Donnerstag **Nach deiner großen Barmherzigkeit hast du mit deinem Volk nicht ein Ende gemacht noch es verlassen.** *Nehemia 9,31*

**Der Herr Jesus, in der Nacht, da er verraten ward, nahm er das Brot, dankte und brach's und sprach: Das ist mein Leib, der für euch gegeben wird; das tut zu meinem Gedächtnis. Desgleichen nahm er auch den Kelch nach dem Mahl und sprach: Dieser Kelch ist der neue Bund in meinem Blut; das tut, sooft ihr daraus trinkt, zu meinem Gedächtnis.**

*1. Korinther 11,23–25*

Ach Herr, vor dir ist keiner reich / und keiner los und ledig; spricht einer hier dem andern gleich: Gott sei mir Sünder gnädig! Du aber ludest uns zu dir, den Hunger uns zu stillen, willst uns aus lauter Liebe hier / die leeren Hände füllen. 224,2 Arno Pötzsch

KARFREITAG

Also hat Gott die Welt geliebt, dass er seinen eingeborenen Sohn gab, damit alle, die an ihn glauben, nicht verloren werden, sondern das ewige Leben haben.

*Johannes 3,16*

*Lied: 83 oder 92*
*Johannes 19,16–30 :: 2. Korinther 5,(14b–18)19–21*
*(Pr.) Hebräer 9,15.26b–28 :: Markus 15,24–41*

6. Freitag **O Jerusalem, ich habe Wächter über deine Mauern bestellt, die den ganzen Tag und die ganze Nacht nicht mehr schweigen sollen.** *Jesaja 62,6*

Paulus schreibt: **Ich habe euch weitergegeben, was ich auch empfangen habe: Dass Christus gestorben ist für unsre Sünden nach der Schrift; und dass er begraben worden ist; und dass er auferstanden ist am dritten Tage nach der Schrift.**

*1. Korinther 15,3–4*

Herr Jesus Christus, wir wollen nicht schweigen von dem, was du für uns getan hast. Dein Leben hast du hingegeben, damit wir mit unserem Leben vor dir bestehen können. Schenke uns die richtigen Worte, damit alle, die es hören, die frohe Botschaft des heutigen Tages verstehen. *

7. Samstag **Es sollen wohl Berge weichen und Hügel hinfallen, aber meine Gnade soll nicht von dir weichen, und der Bund meines Friedens soll nicht hinfallen, spricht der Herr, dein Erbarmer.**

*Jesaja 54,10*

Christus spricht: **Den Frieden lasse ich euch, meinen Frieden gebe ich euch. Nicht gebe ich euch, wie die Welt gibt. Euer Herz erschrecke nicht und fürchte sich nicht.** *Johannes 14,27*

Jeder meiner Schritte ruft mir in Erinnerung, dass ich – wohin ich auch gehe – immer zur Ewigkeit unterwegs bin. Helder Camara

*Klagelieder 3,51–62 :: Markus 15,42–47*

---

OSTERFEST

Christus spricht: Ich war tot, und siehe, ich bin lebendig von Ewigkeit zu Ewigkeit und habe die Schlüssel des Todes und der Hölle. *Offenbarung 1,18*

*Wochenlied: 101 oder 106*

*Markus 16,1–8 :: 1. Korinther 15,1–11*

*(Pr.) 1. Samuel 2,1–2.6–8a :: Markus 16,1–8*

---

8. Sonntag **Als er gemartert ward, litt er doch willig und tat seinen Mund nicht auf wie ein Lamm, das zur Schlachtbank geführt wird.** *Jesaja 53,7*

**Nun aber ist Christus auferstanden von den Toten als Erstling unter denen, die entschlafen sind.** *1. Korinther 15,20*

Es war getötet Jesus Christ, und sieh, er lebet wieder. Weil nun das Haupt erstanden ist, stehn wir auch auf, die Glieder. So jemand Christi Worten glaubt, im Tod und Grabe der nicht bleibt; er lebt, ob er gleich stirbet.
113,5 Lüneburg 1657 nach Georg Weissel

OSTERMONTAG

*Lukas 24,13–35 :: 1. Korinther 15,12–20*
*(Pr.) 1. Korinther 15,50–58 :: Markus 16,9–20*

9. Montag **Muss ich nicht das halten und reden, was mir der Herr in den Mund gibt?** *4. Mose 23,12*

**Wenn jemand die Gabe der Rede hat, soll Gott durch ihn zu Wort kommen. Wenn jemand die Gabe der helfenden Tat hat, soll er aus der Kraft handeln, die Gott ihm verleiht. Alles, was ihr tut, soll durch Jesus Christus zur Ehre Gottes geschehen.** *1. Petrus 4,11*

Singt Lob und Dank mit freiem Klang unserm Herrn zu allen Zeiten / und tut sein Ehr je mehr und mehr mit Wort und Tat weit ausbreiten: so wird er uns aus Lieb und Gunst / nach unserm Tod, frei aller Not, zur ewgen Freude geleiten. 108,3 Georg Vetter

10. Dienstag **Wie kann ein Mensch gerecht sein vor Gott oder ein Mann rein sein vor dem, der ihn gemacht hat?** *Hiob 4,17*

**Jesus Christus hat sich selbst für uns gegeben, damit er uns erlöste von aller Ungerechtigkeit und reinigte sich selbst ein Volk zum Eigentum, das eifrig wäre zu guten Werken.** *Titus 2,14*

Lehr uns, einander zu vergeben, wie du in Christus uns getan. Herr, gib uns teil an deinem Leben, dass nichts von dir uns scheiden kann. Mach uns zu deinem Lob bereit, heut, morgen und in Ewigkeit.
240,3 Walter Heinecke

*1. Korinther 15,20–28 :: 1. Petrus 1,1–12*

11. Mittwoch **Gott hat mein Elend und meine Mühe angesehen.** *1. Mose 31,42*

Paulus schreibt: **Seid standhaft, lasst euch nicht erschüttern, tut jederzeit das Werk des Herrn in reichem Maße! Ihr wisst ja: Im Herrn ist eure Arbeit nicht umsonst.** *1. Korinther 15,58*

Der mich so oft auf dunklem Weg gestört, der meinen Schrei, mein Innerstes erhört. Vor dem ich flüchtete und der mich jagte, dem ich wie keinem mein Geheimnis sagte. Ich weiß, ich weiß. So gewiss mein Herz in mir hämmert und schlägt: Gott lebt. Manfred Haustein

*1. Korinther 15,35–49 :: 1. Petrus 1,13–16*

12. Donnerstag **Du, Herr, bist meine Leuchte; der Herr macht meine Finsternis licht.** *2. Samuel 22,29*

Christus spricht: **Ich bin in die Welt gekommen als ein Licht, damit, wer an mich glaubt, nicht in der Finsternis bleibe.** *Johannes 12,46*

Alle Nächte zu zerstreuen, lieber Heiland, bist du da. So wird alle Welt gedeihen, was da fern ist und was nah, bis vom Lichte wird erfüllt, was gemacht nach Gottes Bild. BG 1019,2 Johann Christoph Blumhardt

*1. Korinther 15,50–57 :: 1. Petrus 1,17–21*

13. Freitag **Deine Güte, Herr, sei über uns, wie wir auf dich hoffen.** *Psalm 33,22*

**Aus Gnade seid ihr selig geworden durch Glauben, und das nicht aus euch: Gottes Gabe ist es.** *Epheser 2,8*

Ach bleib mit deiner Treue / bei uns, mein Herr und Gott; Beständigkeit verleihe, hilf uns aus aller Not.
347,6 Josua Stegmann

*1. Korinther 5,6b–8 :: 1. Petrus 1,22–25*

14. Samstag **Unser Herr ist groß und von großer Kraft, und unbegreiflich ist, wie er regiert.**
*Psalm 147,5*

**Jesus sprach: Bei den Menschen ist's unmöglich, aber nicht bei Gott; denn alle Dinge sind möglich bei Gott.** *Markus 10,27*

Lass nichts dich bedrängen. Lass nichts dich beängstigen. Alles verändert sich. Gott allein bleibt. Geduld erreicht das Ziel. Dem, der Gott hat, mangelt es an nichts. Gott allein genügt. Teresa von Avila

*2. Timotheus 2,8–13 :: 1. Petrus 2,1–10*

---

QUASIMODOGENITI
(Wie die neugeborenen Kindlein. 1. Petrus 2,2)

Gelobt sei Gott, der Vater unseres Herrn Jesus Christus, der uns nach seiner großen Barmherzigkeit wiedergeboren hat zu einer lebendigen Hoffnung durch die Auferstehung Jesu Christi von den Toten.
*1. Petrus 1,3*

*Wochenlied: 102*
*Johannes 20,19–29 :: 1. Petrus 1,3–9*
*(Pr.) Kolosser 2,12–15 :: Psalm 128*

15. Sonntag **Ich will den Frieden zu deiner Obrigkeit machen und die Gerechtigkeit zu deiner Regierung.** *Jesaja 60,17*

Paulus schreibt: **Es geschieht alles um euretwillen, damit die überschwängliche Gnade durch die Danksagung vieler noch reicher werde zur Ehre Gottes.** *2. Korinther 4,15*

Du wirst dein herrlich Werk vollenden, der du der Welten Heil und Richter bist; du wirst der Menschheit Jammer wenden, so dunkel jetzt dein Weg, o Heilger, ist. Drum hört der Glaub nie auf, zu dir zu flehn; du tust doch über Bitten und Verstehn.

241,8 Karl Heinrich von Bogatzky

16. Montag **Der Herr schafft deinen Grenzen Frieden.** *Psalm 147,14*

**Selig sind die Friedfertigen; denn sie werden Gottes Kinder heißen.** *Matthäus 5,9*

Wir bitten dich, o Gott, gib uns deinen Frieden und die Kraft deines Heiligen Geistes, damit wir zu Hause, in unseren Familien, in unserer Nachbarschaft, in unseren Städten und in unseren Ländern zu Werkzeugen deines Friedens werden können.

*Jesaja 42,10–16 :: 1. Petrus 2,11–17*

17. Dienstag **Ich will ihnen ein anderes Herz geben und einen neuen Geist in sie geben.** *Hesekiel 11,19*

Paulus schreibt: **Ist jemand in Christus, so ist er eine neue Kreatur; das Alte ist vergangen, siehe, Neues ist geworden.** *2. Korinther 5,17*

Das Geheimnis deines Lebens und dieses Tages ist ganz einfach die Tatsache, dass Christus in dir lebt! Er ist der geheime Motor deines Lebens. Vergiss das nicht!

Hans Peter Royer

*Hiob 42,7–13(14–17) :: 1. Petrus 2,18–25*

18. Mittwoch **Ich will dich loben mein Leben lang und meine Hände in deinem Namen aufheben.**

*Psalm 63,5*

**Ich will beten mit dem Geist und will auch beten mit dem Verstand; ich will Psalmen singen mit dem Geist und will auch Psalmen singen mit dem Verstand.** *1. Korinther 14,15*

Aus meines Herzens Grunde / sag ich dir Lob und Dank / in dieser Morgenstunde, dazu mein Leben lang, dir, Gott, in deinem Thron, zu Lob und Preis und Ehren / durch Christus, unsern Herren, dein' eingebornen Sohn. 443,1 Georg Niege

*1. Petrus 1,22–25 :: 1. Petrus 3,1–7*

19. Donnerstag **Ihr sollt Priester des Herrn heißen, und man wird euch Diener unsres Gottes nennen.**

*Jesaja 61,6*

**Ihr seid das auserwählte Geschlecht, die königliche Priesterschaft, das heilige Volk, das Volk des Eigentums, dass ihr verkündigen sollt die Wohltaten des-**

**sen, der euch berufen hat von der Finsternis zu seinem wunderbaren Licht.** *1. Petrus 2,9*

Lass nur indessen helle scheinen / dein Glaubens- und dein Liebeslicht; mit Gott musst du es treulich meinen, sonst hilft dir diese Sonne nicht; willst du genießen diesen Schein, so darfst du nicht mehr dunkel sein.
40,4 Kaspar Friedrich Nachtenhöfer

*Johannes 17,9–19 :: 1. Petrus 3,8–12*

20. Freitag **Kindeskinder werden deine Werke preisen und deine gewaltigen Taten verkündigen.**
*Psalm 145,4*

**Blinde und Lahme im Tempel gingen zu Jesus und er heilte sie. Als aber die Hohenpriester und Schriftgelehrten die Wunder sahen, die er tat, und die Kinder, die im Tempel schrien: Hosianna dem Sohn Davids!, entrüsteten sie sich.** *Matthäus 21,14–15*

Wenn diese Welt ein Kind veracht', so sind doch Kinder deine Macht, und auch, was noch unmündig heißt, ist oft ein Werkzeug deinem Geist.
Ernst Gottlieb Woltersdorf

*Lukas 23,50–56 :: 1. Petrus 3,13–17*

21. Samstag **Die Furcht des Herrn ist die Schule der Weisheit.** *Sprüche 15,33*

**Wenn jemand meint, er habe etwas erkannt, der hat noch nicht erkannt, wie man erkennen soll. Wenn aber jemand Gott liebt, der ist von ihm erkannt.**
*1. Korinther 8,2–3*

Vater, wenn es möglich ist, dann gib mir Weisheit, tiefer zu erkennen, was wie ein Ahnen nur leuchtet. Lass alle Erkenntnis zum Lobpreis deiner Herrlichkeit dienen und Wahrheit werden durch die Anbetung. Herr, öffne mein Herz, damit ich reife, wachse und Früchte trage. Hanna Hümmer

*Johannes 12,44–50 :: 1. Petrus 3,18–22*

---

MISERIKORDIAS DOMINI
(Die Erde ist voll der Güte des HERRN. Psalm 33,5)

Christus spricht: Ich bin der gute Hirte. Meine Schafe hören meine Stimme, und ich kenne sie, und sie folgen mir; und ich gebe ihnen das ewige Leben.
*Johannes 10,11.27.28*

*Wochenlied: 274*
*Johannes 10,11–16(27–30) :: 1. Petrus 2,21b–25*
*(Pr.) 1. Petrus 5,1–4 :: Psalm 136*

---

22. Sonntag **Ich will sie mehren und nicht mindern, ich will sie herrlich machen und nicht geringer.**
*Jeremia 30,19*

Jesus sprach im Gleichnis: **Wenn das Senfkorn gesät ist, so geht es auf und wird größer als alle Kräuter und treibt große Zweige, sodass die Vögel unter dem Himmel unter seinem Schatten wohnen können.**
*Markus 4,32*

Ach Herr, um deines Namens Ehr / halt uns im Fried bei deiner Lehr; gib deiner Kirche gute Ruh, Gesundheit und Gedeihn dazu. 244,3 Ambrosius Blarer

23. Montag **Alles, was der Herr gesagt hat, wollen wir tun und darauf hören.** *2. Mose 24,7*

Christus spricht: **Daran wird jedermann erkennen, dass ihr meine Jünger seid, wenn ihr Liebe untereinander habt.** *Johannes 13,35*

Wenn wir in Frieden beieinander wohnten, Gebeugte stärkten und die Schwachen schonten, dann würden wir den letzten heilgen Willen / des Herrn erfüllen.
221,2 Johann Andreas Cramer

*4. Mose 27,(12–14)15–23 :: 1. Petrus 4,1–11*

24. Dienstag **Verwirf mich nicht in meinem Alter, verlass mich nicht, wenn ich schwach werde.**
*Psalm 71,9*

**Wenn auch unser äußerer Mensch verfällt, so wird doch der innere von Tag zu Tag erneuert.**
*2. Korinther 4,16*

Herr Jesus Christus, erneuere mich auch heute auf dem Weg zu deinem Reich. Und wenn ich alt geworden bin, lass mir Kraft aus dem erwachsen, was du Gutes für mich getan hast. *

*1. Korinther 4,9–16 :: 1. Petrus 4,12–19*

25. Mittwoch **Der Gerechte ist wie ein Baum, gepflanzt an den Wasserbächen, der seine Frucht bringt zu seiner Zeit, und seine Blätter verwelken nicht.** *Psalm 1,3*

**An ihren Früchten sollt ihr sie erkennen.**
*Matthäus 7,16*

Gott, ich habe mir heute viel vorgenommen. Schenke mir Durchsetzungskraft, aber bewahre mich vor Rücksichtslosigkeit. Lass mich meinen Mitmenschen mit Verständnis begegnen und meinen eigenen Schwächen mit Gelassenheit. Begleite mich an diesem Tag.

Eckhard Herrmann

*Johannes 17,20–26 :: 1. Petrus 5,1–7*

26. Donnerstag **Seid getrost und unverzagt alle, die ihr des HERRN harret!** *Psalm 31,25*

**Jage nach der Gerechtigkeit, der Frömmigkeit, dem Glauben, der Liebe, der Geduld, der Sanftmut!**

*1. Timotheus 6,11*

Gib mir ein Herz voll Zuversicht, erfüllt mit Lieb und Ruhe, ein weises Herz, das seine Pflicht / erkenn und willig tue. 451,7 Christian Fürchtegott Gellert

*Epheser 4,(8–10)11–16 :: 1. Petrus 5,8–14*

27. Freitag **Was betrübst du dich, meine Seele, und bist so unruhig in mir? Harre auf Gott; denn ich werde ihm noch danken, dass er meines Angesichts Hilfe und mein Gott ist.** *Psalm 42,12*

**Der Gott aller Gnade, der euch berufen hat zu seiner ewigen Herrlichkeit in Christus Jesus, der wird euch, die ihr eine kleine Zeit leidet, aufrichten, stärken, kräftigen, gründen.** *1. Petrus 5,10*

Harre, meine Seele, harre des Herrn; alles ihm befehle, hilft er doch so gern! Wenn alles bricht, Gott verlässt uns nicht; größer als der Helfer ist die Not ja nicht. Ewige Treue, Retter in Not, rett auch unsre Seele, du treuer Gott! BG 956,2 Friedrich Räder

*Matthäus 26,30–35 :: 1. Timotheus 1,1–11*

28. Samstag **Sagt den verzagten Herzen: »Seid getrost, fürchtet euch nicht! Seht, da ist euer Gott!«**

*Jesaja 35,4*

**Das sagt der Erste und der Letzte, der tot war und ist lebendig geworden: Ich kenne deine Bedrängnis und deine Armut – du bist aber reich.**

*Offenbarung 2,8–9*

Statt immer zuerst sorgenvoll und ängstlich danach zu fragen, was alles geschehen könnte, ermutigt uns der Herr Jesus Christus, gespannt dem entgegen zu schauen, was Gott noch mit den Seinen vorhat. *

*Johannes 14,1–6 :: 1. Timotheus 1,12–20*

---

JUBILATE (Jauchzet Gott, alle Lande! Psalm 66,1)

Ist jemand in Christus, so ist er eine neue Kreatur; das Alte ist vergangen, siehe, Neues ist geworden.

*2. Korinther 5,17*

*Wochenlied: 108*
*Johannes 15,1–8 :: 1. Johannes 5,1–4*
*(Pr.) 2. Korinther 4,16–18 :: Psalm 148*

---

29. Sonntag **Der Herr schafft Recht den Unterdrückten, er gibt den Hungernden Brot.** *Psalm 146,7*

**Jesus nahm die sieben Brote, dankte und brach sie und gab sie seinen Jüngern, damit sie sie austeilten, und sie teilten sie unter das Volk aus.** *Markus 8,6*

Du bist's, der alles Gute schafft, du gibst uns Speis und Lebenskraft, lass nun, o Gott, auch dir allein / all unser Tun geheiligt sein.

30. Montag **Als du mich in der Not anriefst, half ich dir heraus.** *Psalm 81,8*

**Jesus sprach zu den Jüngern: Was seid ihr so furchtsam? Habt ihr noch keinen Glauben?** *Markus 4,40*

Was kränkst du dich in deinem Sinn / und grämst dich Tag und Nacht? Nimm deine Sorg und wirf sie hin / auf den, der dich gemacht. 324,15 Paul Gerhardt

*Römer 1,18–25 :: 1. Timotheus 2,1–7*

# MAI

*Monatsspruch:* Alles, was Gott geschaffen hat, ist gut, und nichts ist verwerflich, was mit Danksagung empfangen wird. *1. Timotheus 4,4*

1. Dienstag **Mein Volk wird in friedlichen Auen wohnen, in sicheren Wohnungen.** *Jesaja 32,18*

**Wir warten auf einen neuen Himmel und eine neue Erde nach seiner Verheißung, in denen Gerechtigkeit wohnt.** *2. Petrus 3,13*

Gott, gib uns heute die Gewissheit, dass deine Treue nie endet, ja, dass du auch im neuen Himmel und auf der neuen Erde sein wirst, wenn der Tod getötet ist. *

*2. Korinther 5,11–18 :: 1. Timotheus 2,8–15*

2. Mittwoch Der HERR spricht: **Ich bin bei ihm in der Not, ich will ihn herausreißen und zu Ehren bringen.** *Psalm 91,15*

**Gott ist mächtig, euch zu erbauen und euch das Erbe zu geben mit allen, die geheiligt sind.** *Apostelgeschichte 20,32*

Es wird ihn nicht gereuen, was sein Wort prophezeit; sein Kirche zu erneuen / in dieser bösen Zeit. Er wird herzlich anschauen / dein Jammer und Elend, dich herrlich auferbauen / durch Wort und Sakrament.
BG 488,5 Böhmische Brüder 1544

*Johannes 8,31–36 :: 1. Timotheus 3,1–13*

3. Donnerstag **Ich habe den HERRN allezeit vor Augen.** *Psalm 16,8*

**Darum setzen wir unsre Ehre darein, ob wir daheim sind oder in der Fremde, dass wir ihm wohlgefallen.** *2. Korinther 5,9*

All mein Tun und all mein Lassen / sei dir, Herr, anheim gestellt. Führe mich auf rechter Straßen, mach's mit mir, wie dir's gefällt. Schenk zur Arbeit rechten Fleiß, lehre mich, was ich nicht weiß, zeige mir, was ich nicht sehe, leite mich, wohin ich gehe.
BG 909,1 Hamburg 1684

*Römer 8,7–11 :: 1. Timotheus 3,14–16*

3. Mai 1728: Beginn der Losungen in Herrnhut

4. Freitag **Wenn ich das Haus Israel wieder sammle aus den Völkern, unter die sie zerstreut sind, so will ich an ihnen vor den Augen der Heiden zeigen, dass ich heilig bin.** *Hesekiel 28,25*

**Gottes Gaben und Berufung können ihn nicht gereuen.** *Römer 11,29*

Das tat der Herr, weil er gedachte / des Bunds, den er mit Abram machte. Er führt an seiner treuen Hand / sein Volk in das verheißne Land, damit es diene seinem Gott / und dankbar halte sein Gebot.
290,6 Johannes Stapfer

*Johannes 19,1–7 :: 1. Timotheus 4,1–5*

5. Samstag **Rufe mich an in der Not, so will ich dich erretten, und du sollst mich preisen.** *Psalm 50,15*

**Des Gerechten Gebet vermag viel, wenn es ernstlich ist.** *Jakobus 5,16*

Lass dich, Herr Jesu Christ, durch mein Gebet bewegen, komm in mein Haus und Herz und bringe mir den Segen. All Arbeit, Müh und Kunst / ohn dich nichts richtet aus; wo du mit Gnaden bist, gesegnet wird das Haus. 496 Johann Heermann

*Offenbarung 22,1–5 :: 1. Timotheus 4,6–5,2*

---

KANTATE
(Singet dem HERRN ein neues Lied! Psalm 98,1)

Singet dem HERRN ein neues Lied, denn er tut Wunder. *Psalm 98,1*

*Wochenlied: 243 oder 341*
*Matthäus 11,25–30 :: Kolosser 3,12–17*
*(Pr.) Apostelgeschichte 16,23–34 :: Psalm 149*

---

6. Sonntag **Warum sprichst du denn, Jakob, und du, Israel, sagst: »Mein Weg ist dem Herrn verborgen, und mein Recht geht vor meinem Gott vorüber?«** *Jesaja 40,27*

**Ihr werdet euch freuen, die ihr jetzt eine kleine Zeit, wenn es sein soll, traurig seid in mancherlei Anfechtungen.** *1. Petrus 1,6*

Ihn, ihn lass tun und walten, er ist ein weiser Fürst / und wird sich so verhalten, dass du dich wundern wirst, wenn er, wie ihm gebühret, mit wunderbarem Rat / das Werk hinausgeführet, das dich bekümmert hat. 361,8 Paul Gerhardt

7. Montag **Wir preisen dich, o Gott, wir preisen dich, und die deinen Namen anrufen, erzählen von deinen Wundern.** *Psalm 75,2*

Die Menschen in Jerusalem riefen: **Gelobt sei das Reich unseres Vaters David, das da kommt! Hosianna in der Höhe!** *Markus 11,10*

Jesus lebt! Ihm ist das Reich / über alle Welt gegeben; mit ihm werd auch ich zugleich / ewig herrschen, ewig leben. Gott erfüllt, was er verspricht; dies ist meine Zuversicht. 115,2 Christian Fürchtegott Gellert

*Jakobus 1,17–25(26.27) :: 1. Timotheus 5,3–16*

8. Dienstag **Höret des Herrn Wort! Denn der Herr hat Ursache zu schelten, die im Lande wohnen; denn es ist keine Treue, keine Liebe und keine Erkenntnis Gottes im Lande.** *Hosea 4,1*

**Der Zöllner aber stand ferne, wollte auch die Augen nicht aufheben zum Himmel, sondern schlug an seine Brust und sprach: Gott, sei mir Sünder gnädig!** *Lukas 18,13*

Vergebung ist niemals bloß ein Ende, sie ist immer auch ein Anfang. Friedrich von Bodelschwingh

*Lukas 19,36–40 :: 1. Timotheus 5,17–25*

9. Mittwoch **Bei dir, Herr, unser Gott, ist Barmherzigkeit und Vergebung.** *Daniel 9,9*

**Als aber erschien die Freundlichkeit und Menschenliebe Gottes, unseres Heilands, machte er uns selig – nicht um der Werke der Gerechtigkeit willen, die wir getan hatten, sondern nach seiner Barmherzigkeit.** *Titus 3,4–5*

Gott schaute mit Barmherzigkeit / auf uns in dieser wirren Zeit, hat freundlich sich uns zugewandt, drum singt ihm Psalmen, sagt ihm Dank.
BG 559,2 Benigna Carstens

*Römer 15,14–21 :: 1. Timotheus 6,1–10*

10. Donnerstag **Höre, Israel, der HERR ist unser Gott, der HERR allein.** *5. Mose 6,4*

**Es sind verschiedene Kräfte; aber es ist ein Gott, der da wirkt alles in allen.** *1. Korinther 12,6*

Du Schöpfer aller Dinge, du väterliche Kraft, regierst von End zu Ende / kräftig aus eigner Macht. Das Herz uns zu dir wende / und kehr ab unsre Sinne, dass sie nicht irrn von dir. 67,4 Elisabeth Cruciger

*1. Korinther 14,6–9.15–19 :: 1. Timotheus 6,11–16*

11. Freitag **Sage nicht: »Ich bin zu jung«, sondern du sollst gehen, wohin ich dich sende, und predigen alles, was ich dir gebiete.** *Jeremia 1,7*

**Sei stark durch die Gnade in Christus Jesus.** *2. Timotheus 2,1*

Herr, es verlangt mich danach, vor dir meine Schwachheit zu bekennen. Wenn ich mich sicher glaube, kann mich schon ein leichter Windstoß samt all meiner Sicherheit zu Boden werfen. Nimm alle Unsicherheit von mir und stärke mein Leben. Nach Peter Dyckhoff

*Lukas 22,39–46 :: 1. Timotheus 6,17–21*

12. Samstag **Siehe, da ist Gott der HERR! Er kommt gewaltig, und sein Arm wird herrschen.**

*Jesaja 40,10*

**Seht euch vor, wachet! Denn ihr wisst nicht, wann die Zeit da ist.** *Markus 13,33*

Er hat es uns zuvor gesagt / und einen Tag bestellt. Er kommt, wenn niemand nach ihm fragt / noch es für möglich hält. So wach denn auf, mein Geist und Sinn, und schlummre ja nicht mehr. Blick täglich auf sein Kommen hin, als ob es heute wär.

BG 994,2.6 Johann Christoph Rube

*Johannes 6,(60–62)63–69 :: 2. Timotheus 1,1–12*

Missionsopferwoche

---

ROGATE (Betet!)

Gelobt sei Gott, der mein Gebet nicht verwirft noch seine Güte von mir wendet. *Psalm 66,20*

*Wochenlied: 133 oder 344*

*Johannes 16,23b–28(29–32)33 :: 1. Timotheus 2,1–6a*

*(Pr.) Kolosser 4,2–4(5–6) :: Psalm 92*

---

13. Sonntag **Ich bin gnädig, spricht der HERR, und will nicht ewiglich zürnen. Allein erkenne deine Schuld, dass du wider den HERRN, deinen Gott, gesündigt hast.** *Jeremia 3,12–13*

**Ich will mich aufmachen und zu meinem Vater gehen und zu ihm sagen: Vater, ich habe gesündigt gegen den Himmel und vor dir.** *Lukas 15,18*

Die Quelle der Gerechtigkeit und alles Weltsegens, die Quelle der Liebe und des Brudersinnes der Menschheit, diese beruht auf dem großen Gedanken, dass wir Gottes Kinder sind. Johann Heinrich Pestalozzi

14. Montag **Ihr sollt merken, dass ein lebendiger Gott unter euch ist.** *Josua 3,10*

**Mit großer Kraft bezeugten die Apostel die Auferstehung des Herrn Jesus, und große Gnade war bei ihnen allen.** *Apostelgeschichte 4,33*

Gib den Boten Kraft und Mut, Glauben, Hoffnung, Liebesglut, und lass reiche Frucht aufgehn, wo sie unter Tränen sä'n. Erbarm dich, Herr.
262,5 Nach Christian Gottlob Barth

*1. Könige 3,5–15 :: 2. Timotheus 1,13–18*

15. Dienstag **Ich will meinen Odem in euch geben, dass ihr wieder leben sollt, und will euch in euer Land setzen, und ihr sollt erfahren, dass ich der HERR bin.** *Hesekiel 37,14*

**Der letzte Feind, der vernichtet wird, ist der Tod.** *1. Korinther 15,26*

Wir warten dein; du hast uns ja / das Herz schon hingenommen. Du bist uns zwar im Geiste nah, doch sollst du sichtbar kommen; da willst uns du / bei dir auch Ruh, bei dir auch Freude geben, bei dir ein herrlich Leben. 152,3 Philipp Friedrich Hiller

*2. Mose 17,8–13 :: 2. Timotheus 2,1–13*

16. Mittwoch **Bringe uns, Herr, zu dir zurück, dass wir wieder heimkommen; erneure unsre Tage wie vor alters!** *Klagelieder 5,21*

Jesus sprach: **Was meint ihr? Wenn ein Mensch hundert Schafe hätte und eins unter ihnen sich verirrte: lässt er nicht die neunundneunzig auf den Bergen, geht hin und sucht das verirrte?** *Matthäus 18,12*

Herr, mein Gott, voll Heil und Gnaden, schütze mich vor allem Schaden. Wollst vor Sünde und Gefahren / aus der Höhe mich bewahren. Du lässt nicht beschämt da stehen, die auf deine Ehre sehen. Herr, dass ich mich nicht abwende, reich vom Himmel mir die Hände.
BG 647,1.4 Johann Amos Comenius

*Lukas 11,1–4 :: 2. Timotheus 2,14–26*

---

HIMMELFAHRT DES HERRN

Christus spricht: Wenn ich erhöht werde von der Erde, so will ich alle zu mir ziehen. *Johannes 12,32*

*Lied: 121*
*Lukas 24,(44–49)50–53*
*Apostelgeschichte 1,3–4(5–7)8–11*
*(Pr.) Offenbarung 1,4–8 :: Philipper 2,6–11*

---

17. Donnerstag **Helft dem Elenden und Bedürftigen zum Recht.** *Psalm 82,3*

**Unser Herr Jesus Christus stärke euch in allem guten Werk und Wort.** *2. Thessalonicher 2,17*

Herr Jesus Christus, du willst, dass deine Gemeinde das Salz der Erde und das Licht der Welt ist. Wir bitten dich: Rette uns aus aller Trägheit. Mache uns frei, dir zu dienen und deinen Namen zu bezeugen, damit wir so dich und den Vater ehren heute und bis in Ewigkeit.

18. Freitag **Wer ist nun willig, heute eine Gabe für den Herrn zu spenden?** *1. Chronik 29,5*

**Jeder gebe, wie er es sich im Herzen vorgenommen hat, ohne Bedauern und ohne Zwang; denn einen fröhlichen Geber hat Gott lieb.** *2. Korinther 9,7*

Treuer Gott, wir danken dir für die materiellen Gaben, die du uns geschenkt hast. Uns allen hast du etwas anvertraut, damit wir es nach deinem Willen mit anderen teilen. Lass uns fröhliche Geber sein und nicht nur an uns selbst denken! *

*Johannes 18,33–38 :: 2. Timotheus 3,1–9*

19. Samstag **So sollst du nun wissen, dass der Herr, dein Gott, allein Gott ist, der treue Gott, der den Bund und die Barmherzigkeit bis ins tausendste Glied hält denen, die ihn lieben und seine Gebote halten.** *5. Mose 7,9*

**Dass einige nicht treu waren, was liegt daran? Sollte ihre Untreue Gottes Treue aufheben? Das sei ferne!** *Römer 3,3–4*

Mein treuer Gott, auf deiner Seite / bleibt dieser Bund wohl feste stehn; wenn aber ich ihn überschreite, so lass mich nicht verlorengehn; nimm mich, dein Kind, zu Gnaden an, wenn ich hab einen Fall getan.
200,4 Johann Jakob Rambach

*Epheser 6,18–20(21.22)23–24 :: 2. Timotheus 3,10–17*

Weltgebetswoche für die Einheit der Christen (Ökumenische Gebetswoche)

---

EXAUDI (HERR, höre meine Stimme! Psalm 27,7)

Christus spricht: Wenn ich erhöht werde von der Erde, so will ich alle zu mir ziehen. *Johannes 12,32*

*Wochenlied: 128*

*Johannes 15,26–16,4 :: Epheser 3,14–21*

*(Pr.) Jeremia 31,31–34 :: Psalm 131*

---

20. Sonntag **Wer Dank opfert, der preiset mich, und da ist der Weg, dass ich ihm zeige das Heil Gottes.** *Psalm 50,23*

**Gott aber sei Dank, der uns den Sieg gibt durch unsern Herrn Jesus Christus!** *1. Korinther 15,57*

Du Lebensquell, wir danken dir, auf dich, Lebend'ger, hoffen wir; denn du durchdrangst des Todes Nacht, hast Sieg und Leben uns gebracht.
74,2 Johann Gottfried Herder

21. Montag **Der HERR, der gütig ist, wolle gnädig sein allen, die ihr Herz darauf richten, Gott zu suchen.** *2. Chronik 30,18.19*

**Naht euch zu Gott, so naht er sich zu euch.**
*Jakobus 4,8*

Zu etwas schweigen, ändert nichts. Etwas vor Gott zur Sprache bringen, das bedeutet: Ich finde mich nicht ab mit dem, was ist, was geschieht, sondern ich öffne mich für einen anderen Horizont. Günter Ruddat

*Hesekiel 11,14–20 :: 2. Timotheus 4,1–8*

22. Dienstag **Er heilt, die zerbrochenen Herzens sind, und verbindet ihre Wunden.** *Psalm 147,3*

**Sie brachten zu Jesus alle Kranken und Besessenen. Und er half vielen Kranken, die mit mancherlei Gebrechen beladen waren.** *Markus 1,32.34*

Komm als ein Arzt der Kranken, und die im Glauben wanken, lass nicht zugrunde gehn. Die Alten heb und trage, auf dass sie ihre Plage / geduldig mögen überstehn. 423,9 Benjamin Schmolck

*Lukas 21,12–19 :: 2. Timotheus 4,9–22*

23. Mittwoch **Der Herr Zebaoth ist mit uns, der Gott Jakobs ist unser Schutz.** *Psalm 46,8*

**Alle haben ja gesündigt und die Herrlichkeit Gottes verspielt. Gerecht gemacht werden sie ohne Verdienst aus seiner Gnade durch die Erlösung, die in Christus Jesus ist.** *Römer 3,23–24*

Du kannst nicht tiefer fallen / als nur in Gottes Hand, die er zum Heil uns allen / barmherzig ausgespannt.

Wir sind von Gott umgeben / auch hier in Raum und Zeit / und werden in ihm leben / und sein in Ewigkeit.
533,1.3 Arno Pötzsch

*Lukas 12,8–12 :: Titus 1,1–16*

24. Donnerstag **Ist mein Arm nun so kurz geworden, dass er nicht mehr erlösen kann?** *Jesaja 50,2*

**Der Herr verzögert nicht die Verheißung, wie es einige für eine Verzögerung halten; sondern er hat Geduld mit euch und will nicht, dass jemand verloren werde, sondern dass jedermann zur Buße finde.** *2. Petrus 3,9*

Das Höchste, was ein Mensch vermag, ist, dass er sich von Gott helfen lassen kann. Sören Kierkegaard

*Apostelgeschichte 1,12–26 :: Titus 2,1–10*

25. Freitag **Du sollst anbeten vor dem Herrn, deinem Gott, und sollst fröhlich sein über alles Gut, das der Herr, dein Gott, dir und deinem Hause gegeben hat.** *5. Mose 26,10.11*

**Sagt Dank Gott, dem Vater, allezeit für alles, im Namen unseres Herrn Jesus Christus.** *Epheser 5,20*

Danket dem Herrn! Wir danken dem Herrn, denn er ist freundlich, und seine Güte währet ewiglich! Betet ihn an! Anbetung dem Herrn; mit hoher Ehrfurcht werd auch von uns sein Name stets genannt!
333,1.5 Karl Friedrich Wilhelm Herrosee

*Johannes 19,25–27 :: Titus 2,11–15*

26. Samstag **Du, Herr, bist gerecht, wir aber müssen uns alle heute schämen.** *Daniel 9,7*

**Der Hahn krähte zum zweiten Mal. Da gedachte Petrus an das Wort, das Jesus zu ihm gesagt hatte: Ehe der Hahn zweimal kräht, wirst du mich dreimal verleugnen. Und er fing an zu weinen.** *Markus 14,72*

Ewiger, treuer Gott, wenn uns der Mut verlässt, stärke uns. Wenn wir schuldig werden, vergib uns. Wir hören dein Wort, du bist in unserem Leben und wir leben in dir. Wenn wir herauszubrechen drohen, halte uns.

Gerhard Engelsberger

*Sacharja 4,1–14 :: Titus 3,1–15*

---

PFINGSTFEST

Es soll nicht durch Heer oder Kraft, sondern durch meinen Geist geschehen, spricht der HERR Zebaoth.

*Sacharja 4,6*

*Wochenlied: 125*
*Johannes 14,23–27 :: Apostelgeschichte 2,1–18*
*(Pr.) 1. Korinther 2,12–16 :: Epheser 1,3–14*

---

27. Sonntag **Du aber bleibst, wie du bist, und deine Jahre nehmen kein Ende.** *Psalm 102,28*

**Gott ist treu, durch den ihr berufen seid zur Gemeinschaft seines Sohnes Jesus Christus, unseres Herrn.** *1. Korinther 1,9*

Du Heilger Geist, bereite / ein Pfingstfest nah und fern; mit deiner Kraft begleite / das Zeugnis von dem Herrn. O öffne du die Herzen / der Welt und uns den Mund, dass wir in Freud und Schmerzen / das Heil ihr machen kund. 136,7

Philipp Spitta

PFINGSTMONTAG

*Matthäus 16,13–19 :: 1. Korinther 12,4–11*
*(Pr.) Epheser 4,11–15(16) :: Psalm 150*

28. Montag **Fürchtet den Herrn und dient ihm treu von ganzem Herzen; denn seht doch, wie große Dinge er an euch getan hat.** *1. Samuel 12,24*

**Die sein Wort annahmen blieben beständig in der Lehre der Apostel und in der Gemeinschaft und im Brotbrechen und im Gebet.** *Apostelgeschichte 2,42*

O komm, du Geist der Wahrheit, und kehre bei uns ein, verbreite Licht und Klarheit, verbanne Trug und Schein. Gieß aus dein heilig Feuer, rühr Herz und Lippen an, dass jeglicher getreuer / den Herrn bekennen kann.
136,1 Philipp Spitta

29. Dienstag **Wir wollen mit euch gehen, denn wir hören, dass Gott mit euch ist.** *Sacharja 8,23*

**Euer Leben mitten unter den Menschen, die Gott nicht kennen, muss einwandfrei sein. Wenn sie euch alles mögliche Böse nachsagen, sollen sie eure guten Taten sehen und von ihren eigenen Augen eines Besseren belehrt werden.** *1. Petrus 2,12*

Atme in mir, du Heiliger Geist, dass ich Heiliges denke! Treibe mich, du Heiliger Geist, dass ich Heiliges tue! Locke mich, du Heiliger Geist, dass ich das Heilige liebe! Stärke mich, du Heiliger Geist, dass ich das Heilige hüte! Hüte mich, du Heiliger Geist, dass ich das Heilige nicht verliere! Augustinus

*Apostelgeschichte 4,23–31 :: 1. Korinther 12,1–11*

30. Mittwoch **Wie heilig ist diese Stätte! Hier ist nichts anderes als Gottes Haus, und hier ist die Pforte des Himmels.** *1. Mose 28,17*

**Das Haus Gottes, das ist die Gemeinde des lebendigen Gottes, ein Pfeiler und eine Grundfeste der Wahrheit.** *1. Timotheus 3,15*

Heiliger Geist, erwecke deine Kirche und fange bei mir an! Mache lebendig unsere Gemeinde und fange bei mir an! Lass Frieden und Gotteserkenntnis überall auf Erden kommen und fange bei mir an! Bringe deine Liebe und Wahrheit zu allen Menschen und fange bei mir an! Aus China

*Apostelgeschichte 8,(9–11)12–25 :: 1. Korinther 12,12–26*

31. Donnerstag **Großen Frieden haben, die dein Gesetz lieben; sie werden nicht straucheln.** *Psalm 119,165*

**Friede sei mit euch allen, die ihr in Christus seid!** *1. Petrus 5,14*

Erhalte mich auf deinen Stegen / und lass mich nicht mehr irre gehn; lass meinen Fuß in deinen Wegen / nicht straucheln oder stillestehn; erleucht mir Leib und Seele ganz, du starker Himmelsglanz!
400,6 Johann Scheffler

*Apostelgeschichte 11,1–18 :: 1. Korinther 12,27–31a*

# JUNI

*Monatsspruch:* Durch Gottes Gnade bin ich, was ich bin. *1. Korinther 15,10*

1. Freitag **Wer den Herrn fürchtet, hat eine sichere Festung.** *Sprüche 14,26*

Christus spricht: **Wer meine Rede hört und tut sie, der gleicht einem klugen Mann, der sein Haus auf Fels baute.** *Matthäus 7,24*

Dich, Herr, meine Stärke, hab ich herzlich lieb, der bei jedem Werke / Fels und Burg mir blieb. Du bist mein Erretter, bist mein Gott und Schild, der in Sturm und Wetter / mich mit Schutz umhüllt.
BG 954,1 Johann Christoph Blumhardt

*Apostelgeschichte 11,19–26 :: 1. Korinther 12,31b–13,7*

2. Samstag **Siehe, die Furcht des Herrn, das ist Weisheit, und meiden das Böse, das ist Einsicht.** *Hiob 28,28*

**Da ihr den als Vater anruft, der ohne Ansehen der Person einen jeden richtet nach seinem Werk, so führt euer Leben, solange ihr hier in der Fremde weilt, in Gottesfurcht.** *1. Petrus 1,17*

Gib mir Verstand aus deiner Höh, auf dass ich ja nicht ruh und steh / auf meinem eignen Willen; sei du mein Freund und treuer Rat, was recht ist, zu erfüllen.
497,5 Paul Gerhardt

*Apostelgeschichte 18,1–11 :: 1. Korinther 13,8–13*

TRINITATIS (Dreieinigkeit)

Heilig, heilig, heilig ist der Herr Zebaoth, alle Lande sind seiner Ehre voll. *Jesaja 6,3*

*Wochenlied: 126 oder 139*

*Johannes 3,1–8(9–15) :: Römer 11,(32)33–36*

*(Pr.) Epheser 1,3–14 :: Psalm 145*

3. Sonntag **Unser Gott wandte den Fluch in Segen.**

*Nehemia 13,2*

**Vergeltet nicht Böses mit Bösem oder Scheltwort mit Scheltwort, sondern segnet vielmehr, weil ihr dazu berufen seid, dass ihr den Segen ererbt.**

*1. Petrus 3,9*

Gott begegnet uns ein Leben lang mit Liebe, damit wir mehr und mehr begreifen, alle unsere Dinge in Liebe geschehen zu lassen. Günter Ruddat

4. Montag **Wenn du nun isst und satt wirst, so hüte dich, dass du nicht den HERRN vergisst.**

*5. Mose 6,11–12*

**Ihr sollt so beten: Unser tägliches Brot gib uns heute.** *Matthäus 6,9.11*

Vater aller Gaben, alles, was wir haben, alle Frucht im weiten Land / ist Geschöpf in deiner Hand. Hilf, dass nicht der Mund verzehrt, was uns deine Hand beschert, ohne dass das Herz dich ehrt.

BG 839,2 Otto Riethmüller nach Michael Weiße

*Jeremia 10,6–12 :: 1. Korinther 14,1–12*

5. Dienstag **Ihre Kinder, die das Gesetz nicht kennen, sollen es auch hören und lernen, den Herrn, euren Gott, zu fürchten alle Tage.** *5. Mose 31,13*

Paulus schreibt an die Gemeinde in Korinth: **Ich bin jetzt bereit, zum dritten Mal zu euch zu kommen, und will euch nicht zur Last fallen; denn ich suche nicht das Eure, sondern euch. Denn es sollen nicht die Kinder den Eltern Schätze sammeln, sondern die Eltern den Kindern.** *2. Korinther 12,14*

Sagt euren Kindern, dass euer Leben verdankt ist dem Lebenswillen Gottes. Sagt ihnen, dass euer Mut geliehen war von der Zuversicht Gottes. Sagt ihnen, dass eure Verzweiflung geborgen war in der Gegenwart des Schöpfers. Sagt ihnen, dass wir auf den Schultern unserer Mütter und Väter stehen. Johannes Rau

*Jesaja 43,8–13 :: 1. Korinther 14,13–25*

6. Mittwoch **So erfülle nun, o Gott, mein Herr, für alle Zeiten die Verheißung und tue, wie du geredet hast.** *2. Samuel 7,25*

**Aus Davids Geschlecht hat Gott, wie er verheißen hat, Jesus kommen lassen als Heiland für das Volk Israel.** *Apostelgeschichte 13,23*

Jesus ist kommen, die Ursach zum Leben. Hochgelobt sei der erbarmende Gott, der uns den Ursprung des Segens gegeben; dieser verschlinget Fluch, Jammer und Tod. Selig, die ihm sich beständig ergeben! Jesus ist kommen, die Ursach zum Leben.

66,8 Johann Ludwig Konrad Allendorf

*Apostelgeschichte 17,(16)22–34 :: 1. Korinther 14,26–40*

7. Donnerstag **Ich bin ein Gast auf Erden.**

*Psalm 119,19*

**Wisst ihr nicht, dass die, die in der Kampfbahn laufen, die laufen alle, aber einer empfängt den Siegespreis? Lauft so, dass ihr ihn erlangt.**

*1. Korinther 9,24*

Jesu, hilf siegen und lass mich nicht sinken; wenn sich die Kräfte der Lügen aufblähn / und mit dem Scheine der Wahrheit sich schminken, lass doch viel heller dann deine Kraft sehn. Steh mir zur Rechten, o König und Meister, lehre mich kämpfen und prüfen die Geister. 373,3 Johann Heinrich Schröder

*Epheser 4,1–7 :: 1. Korinther 15,1–11*

8. Freitag **Gleichwie ich über sie gewacht habe, auszureißen und einzureißen, so will ich über sie wachen, zu bauen und zu pflanzen, spricht der Herr.**

*Jeremia 31,28*

**Jesus fing an, in Gleichnissen zu reden: Ein Mensch pflanzte einen Weinberg und zog einen Zaun darum und grub eine Kelter und baute einen Turm und verpachtete ihn an Weingärtner und ging außer Landes.**

*Markus 12,1*

Gott, Herr der Welt, du sitzt im Regiment. Du bleibst ihr zugewandt, es ist dir nicht gleichgültig, was aus dem wird, was dein ist. Öffne uns Augen und Ohren, damit wir wahrnehmen, was du uns anvertraut hast. *

*Lukas 23,44–49 :: 1. Korinther 15,12–19*

9. Samstag **Bei dir ist die Vergebung, dass man dich fürchte.** *Psalm 130,4*

Paulus schreibt: **Als Mitarbeiter ermahnen wir euch, dass ihr die Gnade Gottes nicht vergeblich empfangt.** *2. Korinther 6,1*

Solange diese Erde steht, ist Gottes Güte täglich neu. Wir gehn dahin, die Zeit verweht, doch unverwandt steht Gottes Treu. Dank alle Erde Gott, dem Herrn! Welt, dank ihm nun und allezeit, trägt uns doch alle, nah und fern, nur Gnade und Barmherzigkeit!
Arno Pötzsch

*Johannes 14,7–14 :: 1. Korinther 15,20–28*

---

1. SONNTAG NACH TRINITATIS

Christus spricht zu seinen Jüngern: Wer euch hört, der hört mich; und wer euch verachtet, der verachtet mich. *Lukas 10,16*

*Wochenlied: 124*

*Lukas 16,19–31 :: 1. Johannes 4,16b–21*
*(Pr.) Jeremia 23,16–29 :: Psalm 133*

---

10. Sonntag **Im Schweiße deines Angesichts sollst du dein Brot essen, bis du wieder zu Erde werdest, davon du genommen bist. Denn du bist Erde und sollst zu Erde werden.** *1. Mose 3,19*

**Unser Heiland Christus Jesus hat dem Tode die Macht genommen und das Leben und ein unvergängliches Wesen ans Licht gebracht durch das Evangelium.** *2. Timotheus 1,10*

Gott, dir danke ich für diesen neuen Tag. Gott, dir vertraue ich, was auch kommen mag. Gott, dich bitte ich um dein gutes Geleit. Gott, so gehe ich durch meine Lebenszeit. M. Andreas Sembdner

11. Montag **Rede, HERR, denn dein Knecht hört.**
*1. Samuel 3,9*

Christus spricht: **Wer mein Wort hört und glaubt dem, der mich gesandt hat, der hat das ewige Leben und kommt nicht in das Gericht, sondern er ist vom Tode zum Leben hindurchgedrungen.**
*Johannes 5,24*

Ach nimm mich hin, du Langmut ohne Maße; ergreif mich wohl, dass ich dich nie verlasse. Herr, rede nur, ich geb begierig acht; führ, wie du willst, ich bin in deiner Macht. 392,8 Gerhard Tersteegen

*Lukas 10,1–9(10–15)16 :: 1. Korinther 15,29–34*

12. Dienstag **Gott der HERR rief dem Menschen und sprach zu ihm: Wo bist du? Er sprach: Ich hörte dich im Garten; da fürchtete ich mich.** *1. Mose 3,9.10*

**Jesus sprach: Ich bin gekommen, die Sünder zu rufen und nicht die Gerechten.** *Markus 2,17*

Gott, der Vater, wartet mit offenen Armen auf die Heimkehr seiner Kinder. Und was muss ich tun? Ganz einfach: Ich muss heimkehren zum Vater!
Hans Peter Royer

*Jeremia 36,1–6(7–9)10.21–24.27–31 :: 1. Korinther 15,35–49*

13. Mittwoch **Ich habe die Erde gemacht und den Menschen auf ihr geschaffen.** *Jesaja 45,12*

**Betet an den, der gemacht hat Himmel und Erde und Meer und die Wasserquellen!** *Offenbarung 14,7*

Wenn ich, o Schöpfer, deine Macht, die Weisheit deiner Wege, die Liebe, die für alle wacht, anbetend überlege: so weiß ich, von Bewundrung voll, nicht, wie ich dich erheben soll, mein Gott, mein Herr und Vater.
506,1 Christian Fürchtegott Gellert

*1. Thessalonicher 2,1–8(9–12) :: 1. Korinther 15,50–58*

14. Donnerstag **Es gibt noch eine Hoffnung für deine Zukunft, spricht der Herr.** *Jeremia 31,17*

**Gott hat seinen eigenen Sohn nicht verschont, sondern hat ihn für uns alle dahingegeben – wie sollte er uns mit ihm nicht alles schenken?** *Römer 8,32*

Der treue Hüter Israel' bewahret dir dein Leib und Seel; er schläft nicht, weder Tag noch Nacht, wird auch nicht müde von der Wacht. 296,4 Cornelius Becker

*Johannes 21,15–19 :: 1. Korinther 16,1–12*

15. Freitag **Das geknickte Rohr wird er nicht zerbrechen, und den glimmenden Docht wird er nicht auslöschen.** *Jesaja 42,3*

**Jesus sprach: Die Starken bedürfen keines Arztes, sondern die Kranken.** *Markus 2,17*

Das sind Worte für die Schwachen, die sind aller Annahm wert; das heißt Herzen freudig machen, das ist Trost, wie man begehrt. Gottes Gnade weicht dir nicht, weil es dein Erbarmer spricht.

Philipp Friedrich Hiller

*Lukas 22,24–30 :: 1. Korinther 16,13–24*

16\. Samstag **Du erfreust mein Herz, ob jene auch viel Wein und Korn haben.** *Psalm 4,8*

**Wir haben nichts in die Welt gebracht; darum werden wir auch nichts hinausbringen.**

*1. Timotheus 6,7*

Herr, du weißt, was wir brauchen und was uns weiter und zu unserem Heil führt. Dir ist nicht verborgen, warum der eine weniger, der andere mehr empfängt. Über nichts und niemanden möchte ich mich erheben, Herr, alles in deine Hände legen. Peter Dyckhoff

*Philipper 1,12–18a :: 1. Könige 12,1–19*

---

2\. SONNTAG NACH TRINITATIS

Christus spricht: Kommt her zu mir, alle, die ihr mühselig und beladen seid; ich will euch erquicken.

*Matthäus 11,28*

*Wochenlied: 250 oder 363*
*Lukas 14,(15)16–24 :: Epheser 2,17–22*
*(Pr.) 1. Korinther 14,1–3.20–25 :: Psalm 36*

---

17\. Sonntag **Weh denen, die dem Schuldigen Recht geben um Bestechung und dem Unschuldigen sein Recht absprechen!** *Jesaja 5,22.23*

**Das Reich Gottes ist Gerechtigkeit und Friede und Freude in dem Heiligen Geist. Wer darin Christus dient, der ist Gott wohlgefällig und bei den Menschen geachtet.** *Römer 14,17.18*

Herr, unser Gott, es ist so leicht, von der Liebe zum Nächsten zu reden – und schnell vergessen wir, was sie wirklich bedeutet: die Schwächen des anderen nicht ausnutzen, auf eigenen Vorteil verzichten, Geduld haben. Lass uns dazu beitragen, dass Hass durch Liebe überwunden wird.

17. Juni 1722: Aufbau von Herrnhut begonnen

18. Montag **Dennoch soll die Stadt Gottes fein lustig bleiben mit ihren Brünnlein, da die heiligen Wohnungen des Höchsten sind. Gott ist bei ihr drinnen, darum wird sie fest bleiben.** *Psalm 46,5–6*

**Die Stadt bedarf keiner Sonne noch des Mondes, dass sie ihr scheinen; denn die Herrlichkeit Gottes erleuchtet sie, und ihre Leuchte ist das Lamm.** *Offenbarung 21,23*

Jesus, aller Bürger Heil / und der Stadt ein Gnadenzeichen, auch des Landes bestes Teil, dem kein Kleinod zu vergleichen, Jesus, unser Trost und Hort, sei die Losung fort und fort. 62,5 Benjamin Schmolck

*Sprüche 9,1–10 :: 1. Könige 12,20–32*

19. Dienstag **Ihr sollt mir ein Königreich von Priestern und ein heiliges Volk sein.** *2. Mose 19,6*

**Erbaut euch als lebendige Steine zum geistlichen Hause und zur heiligen Priesterschaft, zu opfern geistliche Opfer, die Gott wohlgefällig sind durch Jesus Christus.** *1. Petrus 2,5*

Herr, deinem Bauwerk droht Gefahr, es wanken seine Mauern. Soll, was von dir gegründet war, in Stürmen nicht mehr dauern? Schon mancher Pfeiler stürzte ein; erzeige deine Treue / und komm, du Bauherr der Gemein, und baue uns aufs Neue.
BG 576,1 Walther Baudert

*2. Mose 2,11–15(16–22)23–25 :: 1. Könige 12,33–13,10*

20. Mittwoch **Sein Zorn währet einen Augenblick und lebenslang seine Gnade. Den Abend lang währet das Weinen, aber des Morgens ist Freude.** *Psalm 30,6*

**Gott hat uns nicht dazu bestimmt, dass wir dem Zorn verfallen, sondern dass wir die Rettung erlangen durch unseren Herrn Jesus Christus.**
*1. Thessalonicher 5,9*

Ich hatte nichts als Zorn verdienet und soll bei Gott in Gnaden sein; Gott hat mich mit sich selbst versühnet und macht durchs Blut des Sohns mich rein. Wo kam dies her, warum geschieht's? Erbarmung ist's und weiter nichts. 355,2 Philipp Friedrich Hiller

*1. Samuel 1,1–11 :: 1. Könige 13,11–34*

21. Donnerstag **Warum sollen die Heiden sagen: Wo ist denn ihr Gott? Unser Gott ist im Himmel; er kann schaffen, was er will.** *Psalm 115,2.3*

**Das Wort vom Kreuz ist eine Torheit denen, die verloren werden; uns aber, die wir selig werden, ist's eine Gotteskraft.** *1. Korinther 1,18*

Ob du nun gleich Gott bist, mein Herr Christus, und ein König Himmels und der Erden, so kann ich mich doch nicht vor dir fürchten. Denn du bist mein Geselle, gütiger Heiland, mein Bruder, mein Fleisch und Blut.
Martin Luther

*Matthäus 15,29–39 :: 1. Könige 14,1–20*

22. Freitag **Siehe, hier bin ich. Der Herr mach's mit mir, wie es ihm wohlgefällt.** *2. Samuel 15,26*

**Dein Wille geschehe wie im Himmel so auf Erden.** *Matthäus 6,10*

Was mein Gott will, gescheh allzeit, sein Will, der ist der beste. Zu helfen dem er ist bereit, der an ihn glaubet feste. Er hilft aus Not, der treue Gott, er tröst' die Welt ohn Maßen. Wer Gott vertraut, fest auf ihn baut, den will er nicht verlassen. 364,1 Albrecht von Preußen

*Lukas 23,39–43 :: 1. Könige 16,29–17,6*

23. Samstag **Lass mein Herz sich nicht neigen zum Bösen.** *Psalm 141,4*

**Führe uns nicht in Versuchung, sondern erlöse uns von dem Bösen.** *Matthäus 6,13*

Schenke mir, Herr, Verstand, der dich erkennt, Eifer, der dich sucht, Weisheit, die dich findet, eine Lebensweise, die dir gefällt, Beharrlichkeit, die dich glaubend erwartet, Vertrauen, das dich am Ende umfängt.

Thomas von Aquin

*Jeremia 31,(7)8–14 :: 1. Könige 17,7–16*

---

## 3. SONNTAG NACH TRINITATIS

Der Menschensohn ist gekommen, zu suchen und selig zu machen, was verloren ist. *Lukas 19,10*

*Wochenlied: 232 oder 353*
*Lukas 15,1–3.11b–32 :: 1. Timotheus 1,12–17*
*(Pr.) 1. Johannes 1,5–2,6 :: Psalm 106,1–23*

---

## JOHANNISTAG

Dies ist das Zeugnis Johannes des Täufers: Er muss wachsen, ich aber muss abnehmen. *Johannes 3,30*

*Lied: 141*
*Lukas 1,57–67(68–75)76–80 :: Apostelgeschichte 19,1–7*
*(Pr.) 1. Petrus 1,8–12 :: Psalm 106,1–23*

---

24. Sonntag **Siehe, auch jetzt noch ist mein Zeuge im Himmel, und mein Fürsprecher ist in der Höhe.**

*Hiob 16,19*

**Es ist ein Gott und ein Mittler zwischen Gott und den Menschen, nämlich der Mensch Christus Jesus.**

*1. Timotheus 2,5*

Jesu, hilf siegen im Wachen und Beten; Hüter, du schläfst ja und schlummerst nicht ein; lass dein Gebet mich unendlich vertreten, der du versprochen, mein Fürsprech zu sein. Wenn mich die Nacht mit Ermüdung will decken, wollst du mich, Jesu, ermuntern und wecken. 373,4 Johann Heinrich Schröder

25. Montag **Gott sprach zu Mose: Ich werde sein, der ich sein werde.** *2. Mose 3,14*

**Ich bin das A und das O, der Anfang und das Ende. Ich will dem Durstigen geben von der Quelle des lebendigen Wassers umsonst.** *Offenbarung 21,6*

Solange eine Menschheit ist, solange Jesus bleibt der Christ, so bleibet dies das A und O / vom ganzen Evangelio. Wir sind dem Heiland untertan, wir bieten seine Gaben an. Wir sähen gern die ganze Welt / gerettet vor ihn hingestellt.
BG 701,3.11 Nach Nikolaus Ludwig von Zinzendorf

*Lukas 5,27–32 :: 1. Könige 17,17–24*

26. Dienstag **So spricht der Herr: Es soll meine Freude sein, ihnen Gutes zu tun.** *Jeremia 32,41*

**Also hat Gott die Welt geliebt, dass er seinen eingeborenen Sohn gab, damit alle, die an ihn glauben, nicht verloren werden, sondern das ewige Leben haben.** *Johannes 3,16*

Er, der Herr, statt dich zu verdammen, dich auszulöschen, hat seinen einzigen Sohn auf dieses Sandkorn Erde gesandt. Und Gottes Sohn, ohne sich zu verleugnen, macht sich zum Menschen. Du Mensch, was hast du gemacht aus dem Leben, was aus der Botschaft von Christus? Helder Camara

*2. Mose 32,30–33,1 :: 1. Könige 18,1–24*

27. Mittwoch **Der Herr ist mein Hirte, mir wird nichts mangeln.** *Psalm 23,1*

Christus spricht: **Ich bin gekommen, damit sie das Leben und volle Genüge haben sollen. Ich bin der gute Hirte. Der gute Hirte lässt sein Leben für die Schafe.** *Johannes 10,10–11*

Ich lief verirrt und war verblendet, ich suchte dich und fand dich nicht; ich hatte mich von dir gewendet / und liebte das geschaffne Licht. Nun aber ist's durch dich geschehn, dass ich dich hab ersehn.
400,4 Johann Scheffler

*Johannes 5,1–16 :: 1. Könige 18,25–46*

28. Donnerstag **Lobet Gott für seine Taten, lobet ihn in seiner großen Herrlichkeit!** *Psalm 150,2*

**Auf alle Gottesverheißungen ist in Jesus Christus das Ja; darum sprechen wir auch durch ihn das Amen, Gott zum Lobe.** *2. Korinther 1,20*

Jesu, meines Lebens Leben, Jesu, meines Todes Tod, der du dich für mich gegeben / in die tiefste Seelennot, in das äußerste Verderben, nur dass ich nicht möchte sterben: tausend-, tausendmal sei dir, liebster Jesu, Dank dafür. 86,1 Ernst Christoph Homburg

*Matthäus 18,15–20 :: 1. Könige 19,1–18*

29. Freitag **In deiner Hand ist Kraft und Macht, und es ist niemand, der dir zu widerstehen vermag.** *2. Chronik 20,6*

**Gott hat den Herrn auferweckt und wird auch uns auferwecken durch seine Kraft.** *1. Korinther 6,14*

Christen gehen aus der Zeit, wie man aus einem Zimmer in das andere geht, ohne alle Umstände, voll kindlichem Vertrauen auf den, der Leben und Tod in Händen hat. Unsere Ärzte sind nicht dazu gesetzt, dass sie uns am Heimgehen hindern sollen.

Johann Martin Dober

*Matthäus 27,3–10 :: 1. Könige 19,19–21*

30. Samstag **Um deines Namens willen, HERR, vergib mir meine Schuld, die so groß ist!** *Psalm 25,11*

**Jesus sprach: Vater, vergib ihnen; denn sie wissen nicht, was sie tun!** *Lukas 23,34*

Herr Jesus Christus, immer wieder werden wir schuldig vor dir und immer wieder vergibst du, wenn wir dich darum bitten. Hilf uns, aus der Kraft der Vergebung neue Wege zu wagen. *

*Römer 8,1–6 :: 1. Könige 21,1–16*

# JULI

*Monatsspruch:* Mit welchem Maß ihr messt, wird man euch wieder messen. *Markus 4,24*

---

## 4. SONNTAG NACH TRINITATIS

Einer trage des andern Last, so werdet ihr das Gesetz Christi erfüllen. *Galater 6,2*

*Wochenlied: 428 oder 495*

*Lukas 6,36–42 :: Römer 14,10–13*

*(Pr.) 1. Petrus 3,8–15a(15b–17) :: Psalm 106,24–48*

---

1. Sonntag **Du hast dich müde gemacht mit der Menge deiner Pläne.** *Jesaja 47,13*

**Jeder soll so leben, wie der Herr es ihm zugemessen, wie Gott einen jeden berufen hat.**

*1. Korinther 7,17*

Weiß ich den Weg auch nicht, du weißt ihn wohl, das macht die Seele still und friedevoll. Ist's doch umsonst, dass ich mich sorgend müh, dass ängstlich schlägt mein Herz, sei's spät, sei's früh. Du weißt den Weg ja doch, du weißt die Zeit, dein Plan ist fertig schon und liegt bereit. Ich preise dich für deiner Liebe Macht, ich rühm die Gnade, die mir Heil gebracht.
BG 936,1–2 Hedwig von Redern

2. Montag **Halte dich ferne von einer Sache, bei der Lüge im Spiel ist.** *2. Mose 23,7*

**Legt ab alle Bosheit und allen Betrug und Heuchelei und Neid und alle üble Nachrede und seid begierig nach der vernünftigen lauteren Milch wie die neugeborenen Kindlein, damit ihr durch sie zunehmt zu eurem Heil.** *1. Petrus 2,1–2*

Lass mich an andern üben, was du an mir getan; und meinen Nächsten lieben, gern dienen jedermann / ohn Eigennutz und Heuchelschein / und, wie du mir erwiesen, aus reiner Lieb allein. 82,7 Justus Gesenius

*Lukas 5,17–26 :: 1. Könige 21,17–29*

3. Dienstag **Viele sagen: »Wer wird uns Gutes sehen lassen?« Herr, lass leuchten über uns das Licht deines Antlitzes!** *Psalm 4,7*

Christus spricht: **Ich bin das Licht der Welt. Wer mir nachfolgt, der wird nicht wandeln in der Finsternis, sondern wird das Licht des Lebens haben.** *Johannes 8,12*

Gott sei mit dir beim Anbruch eines neuen Morgens, dass du gespannt und erwartungsvoll dem entgegen blickst, was dir dieser Tag abverlangt und was er dir schenken will. Christa Spilling-Nöker

*Nehemia 9,1–3.29–36 :: 1. Könige 22,1–23*

4. Mittwoch **Gott der Herr hilft mir, darum werde ich nicht zuschanden.** *Jesaja 50,7*

**In Christus Jesus seid ihr, die ihr einst Ferne wart, Nahe geworden durch das Blut Christi.** *Epheser 2,13*

Auf, ihr betrübten Herzen, der König ist gar nah; hinweg all Angst und Schmerzen, der Helfer ist schon da. Seht, wie so mancher Ort / hochtröstlich ist zu nennen, da wir ihn finden können / in Nachtmahl, Tauf und Wort. BG 141,2 Johann Rist

*Markus 11,(20.21)22–26 :: 1. Könige 22,24–40*

5. Donnerstag **Auf ihm wird ruhen der Geist des Herrn, der Geist der Weisheit und des Verstandes, der Geist des Rates und der Stärke, der Geist der Erkenntnis und der Furcht des Herrn.** *Jesaja 11,2*

**Gott war in Christus und versöhnte die Welt mit sich selber und rechnete ihnen ihre Sünden nicht zu und hat unter uns aufgerichtet das Wort von der Versöhnung.** *2. Korinther 5,19*

Nicht nach Welt, nach Himmel nicht / meine Seel sich wünscht und sehnet, Jesus wünscht sie und sein Licht, der mich hat mit Gott versöhnet, mich befreiet vom Gericht; meinen Jesus lass ich nicht.
402,5 Christian Keimann

*1. Korinther 12,19–26 :: Micha 1,1–9*

6. Freitag **Dein Erlöser ist der Heilige Israels, der aller Welt Gott genannt wird.** *Jesaja 54,5*

**Es kann niemand sagen: »Jesus ist der Herr!«, wenn nicht der Heilige Geist in ihm wirkt.** *1. Korinther 12,3*

O du allergnädigster Herr Jesus Christus! Ziehe uns Schwache zu dir; denn wo du uns nicht ziehen wirst, können wir nicht folgen. Gib uns einen starken Geist, der da willig sei. Denn ohne dich vermögen wir nichts zu tun. Jan Hus

*Lukas 23,17–26 :: Micha 2,1–13*

6. Juli 1415: Jan Hus stirbt den Märtyrertod auf dem Konzil zu Konstanz

7. Samstag **Hast du des HERRN vergessen, der dich gemacht hat, der den Himmel ausgebreitet und die Erde gegründet hat?** *Jesaja 51,13*

**Ihr seid wiedergeboren nicht aus vergänglichem, sondern aus unvergänglichem Samen, nämlich aus dem lebendigen Wort Gottes, das da bleibt.**

*1. Petrus 1,23*

Wie groß ist des Allmächtgen Güte! Ist der ein Mensch, den sie nicht rührt, der mit verhärtetem Gemüte / den Dank erstickt, der ihm gebührt? Nein, seine Liebe zu ermessen, sei ewig meine größte Pflicht. Der Herr hat mein' noch nie vergessen; vergiss, mein Herz, auch seiner nicht! BG 71,1 Christian Fürchtegott Gellert

*2. Korinther 13,10–13 :: Micha 3,1–12*

---

5. SONNTAG NACH TRINITATIS

Aus Gnade seid ihr selig geworden durch Glauben, und das nicht aus euch: Gottes Gabe ist es.

*Epheser 2,8*

*Wochenlied: 245 oder 241*
*Lukas 5,1–11 :: 1. Korinther 1,18–25*
*(Pr.) 1. Mose 12,1–4a :: Psalm 73*

---

8. Sonntag **Weh dem, der sein Gut mehrt mit fremdem Gut! Wie lange wird's währen?** *Habakuk 2,6*

**Wer gestohlen hat, der stehle nicht mehr, sondern arbeite und schaffe mit eigenen Händen das nötige Gut, damit er dem Bedürftigen abgeben kann.**
*Epheser 4,28*

Gott verbietet nicht nur Diebstahl und Raub, die nach staatlichem Recht bestraft werden. Er nennt Diebstahl auch alle Schliche und betrügerischen Handlungen, womit wir versuchen, unseres Nächsten Gut an uns zu bringen, sei es mit Gewalt oder einem Schein des Rechts. Aus dem Heidelberger Katechismus

9. Montag **Ich bin der Herr, und sonst keiner mehr, der ich das Licht mache und schaffe die Finsternis, der ich Frieden gebe und schaffe Unheil. Ich bin der Herr, der dies alles tut.** *Jesaja 45,6–7*

**Wir danken dir, Herr, allmächtiger Gott, der du bist und der du warst, dass du an dich genommen hast deine große Macht und herrschest!**
*Offenbarung 11,17*

Dir beuge sich der Kreis der Erde, dich bete jeder willig an, dass laut dein Ruhm besungen werde / und alles dir bleib untertan. Kommt alle her, schaut Gottes Werke, die er an Menschenkindern tat! Wie wunderbar ist seine Stärke, die er an uns verherrlicht hat!
279,2 Matthias Jorissen

*Lukas 6,12–19 :: Micha 4,1–10*

10. Dienstag **Ich will der Gnade des HERRN gedenken und der Ruhmestaten des HERRN in allem, was uns der Herr getan hat.** *Jesaja 63,7*

**Gelobt sei Gott, der Vater unseres Herrn Jesus Christus, der uns nach seiner großen Barmherzigkeit wiedergeboren hat zu einer lebendigen Hoffnung durch die Auferstehung Jesu Christi von den Toten.** *1. Petrus 1,3*

So gehen wir durch Gottes Macht / einher in seiner Stärke, die uns bewahrt und fähig macht / zu allem guten Werke, dass wir in seiner Liebe ruhn / und ihm zu Lob und Ehren / von Herzen seinen Willen tun / durch Christus, unsern Herren.
BG 326,7–8 Nach Christian Gregor

*1. Mose 35,1–5a.9–15 :: Micha 4,11–5,4a*

11. Mittwoch **Wenn ihr euch von ganzem Herzen zu dem HERRN bekehren wollt, so tut von euch die fremden Götter.** *1. Samuel 7,3*

**Wo dein Schatz ist, da ist auch dein Herz.** *Matthäus 6,21*

Herr, Menschen sammeln sich Schätze und meinen, dadurch reicher zu werden. Manchmal merken sie nicht einmal mehr, wie sehr die Sorge um den Besitz gefangen nimmt und von dir und deinem Willen wegzieht. Hilf ihnen, ihr Herz auf das zu richten, was zu deinem Reich führt. *

*Hesekiel 2,3–8a :: Micha 6,1–8*

12. Donnerstag **Du sollst nicht begehren deines Nächsten Haus noch alles, was sein ist.**

*5. Mose 5,21*

**Tötet, was in euren Gliedern irdisch ist: böse Begierde und die Habgier – sie ist Götzendienst!**

*Kolosser 3,5*

Zwar unsre Schuld ist groß und schwer, von uns nicht auszurechnen; doch dein Barmherzigkeit ist mehr, die kein Mensch kann aussprechen: die suchen und begehren wir / und hoffen, du lässt es an dir / uns nimmermehr gebrechen. 144,3 Michael Weiße

*Apostelgeschichte 15,4–12 :: Micha 7,8–20*

13. Freitag **Du lässest die Menschen dahinfahren wie einen Strom, sie sind wie ein Schlaf, wie ein Gras, das am Morgen noch sprosst und des Abends welkt und verdorrt.** *Psalm 90,5.6*

**Es wird gesät verweslich und wird auferstehen unverweslich.** *1. Korinther 15,42*

Was hier kranket, seufzt und fleht, wird dort frisch und herrlich gehen; irdisch werd ich ausgesät, himmlisch werd ich auferstehen. Alle Schwachheit, Angst und Pein / wird von mir genommen sein.
526,6 Otto von Schwerin

*Lukas 22,31–34 :: Markus 2,18–22*

14. Samstag **Steh mir bei, HERR, mein Gott! Hilf mir nach deiner Gnade.** *Psalm 109,26*

Paulus schreibt: **Von allen Seiten waren wir bedrängt, von außen mit Streit, von innen mit Furcht. Aber Gott, der die Geringen tröstet, der tröstete uns.**

*2. Korinther 7,5–6*

Der Herr, der Tröster, ob uns schweb, sein Antlitz über uns erheb, dass uns sein Bild werd eingedrückt, und geb uns Frieden unverrückt.

140,4 Gerhard Tersteegen

*Philipper 3,12–16 :: Markus 2,23–28*

---

## 6. SONNTAG NACH TRINITATIS

So spricht der HERR, der dich geschaffen hat: Fürchte dich nicht, denn ich habe dich erlöst; ich habe dich bei deinem Namen gerufen; du bist mein! *Jesaja 43,1*

*Wochenlied: 200*

*Matthäus 28,16–20 :: Römer 6,3–8(9–11)*

*(Pr.) Apostelgeschichte 8,26–39 :: Psalm 119,113–120*

---

15. Sonntag **Wie hat er sein Volk so lieb!**

*5. Mose 33,3*

**Lasst uns lieben, denn er hat uns zuerst geliebt.**

*1. Johannes 4,19*

Du liebtest mich so, wie ich war. Ich liebe dich so, wie du bist. Du, Herr, hast angefangen. Heinrich Giesen

16. Montag **Uns, HERR, wirst du Frieden schaffen; denn auch alles, was wir ausrichten, das hast du für uns getan.** *Jesaja 26,12*

**Durch Gottes Gnade bin ich, was ich bin.**

*1. Korinther 15,10*

Wahrlich, wenn ich mir / dankbarlich vor dir / alle deine Wunderwege / mit mir Armen überlege, seit ich deine bin, so erstaunt mein Sinn.
BG 868,2 Nikolaus Ludwig von Zinzendorf

*2. Mose 14,15–22 :: Markus 3,1–6*

17. Dienstag **Du siehst es doch, denn du schaust das Elend und den Jammer; es steht in deinen Händen.** *Psalm 10,14*

**Jesus sah die vielen Menschen, und sie taten ihm leid, denn sie waren wie Schafe, die keinen Hirten haben. Und er fing an, sie vieles zu lehren.** *Markus 6,34*

Gottes Nähe sei mit dir bei allem, was du tust und lässt. Gottes Nähe geleite dich auf allen deinen Wegen und zum Ziel des Lebens. Gottes Nähe mache dich gelassen in der unruhigen Zeit. Gottes Nähe nehme dir die Furcht vor einem schweren Leben. Gottes Nähe vertreibe dir die Angst, dass du dein Lebensziel verfehlen könntest, und die Angst vor dem Tod. Gottes Nähe sei mit dir! Kurt Rommel

*Apostelgeschichte 2,32–40 :: Markus 3,7–12*

18. Mittwoch **Kommt, lasst uns hinziehen, den HERRN anzuflehen und den HERRN der Heerscharen zu suchen! Auch ich will hinziehen!** *Sacharja 8,21*

**Sie brachten zu Jesus einen Blinden und baten ihn, dass er ihn anrühre.** *Markus 8,22*

Fragt nach dem Herrn und seiner Stärke; der Herr ist groß in seinem Werke. Sucht doch sein freundlich Angesicht: den, der ihn sucht, verlässt er nicht. Denkt an die Wunder, die er tat, und was sein Mund versprochen hat. 290,2 Matthias Jorissen

*Apostelgeschichte 16,23–34 :: Markus 3,13–19*

19. Donnerstag **Gott sieht die Enden der Erde und schaut alles, was unter dem Himmel ist.** *Hiob 28,24*

**Gott ist größer als unser Herz und erkennt alle Dinge.** *1. Johannes 3,20*

Gott, weil du uns liebst, behältst du uns im Blick. Du weißt, was wir denken, planen und tun, auch das, was nicht bestehen kann vor deinem Willen. Wir danken dir, dass du uns dennoch nicht fallen lässt, sondern zu uns stehst – durch Jesus Christus, unseren Herrn. *

*Matthäus 18,1–6 :: Markus 3,20–30*

20. Freitag **Daniel hatte an seinem Obergemach offene Fenster nach Jerusalem, und er fiel dreimal am Tag auf seine Knie, betete, lobte und dankte seinem Gott.** *Daniel 6,11*

**Wir leiden Verfolgung, aber wir werden nicht verlassen. Wir werden unterdrückt, aber wir kommen nicht um.** *2. Korinther 4,9*

Nicht nur, weil ich in meiner Not so sehr deiner Hilfe bedarf, komme ich zu dir, o guter Jesus, sondern auch, weil die Liebe mich drängt, die innige Sehnsucht nach dir, meinem einzigen Herrn und Heiland und wahren

Freunde. Deine zuvorkommende Gnade und Liebe ist es, die mein Herz zu gläubiger, hoffender Liebe regt.

Johannes Tauler

*Johannes 19,31–37 :: Markus 3,31–35*

21. Samstag **Er sendet eine Erlösung seinem Volk; er verheißt, dass sein Bund ewig bleiben soll.**

*Psalm 111,9*

**Da wir nun gerecht geworden sind durch den Glauben, haben wir Frieden mit Gott durch unsern Herrn Jesus Christus.** *Römer 5,1*

Wohl ist's uns in deinem Lichte; unsre Herzen tröstest du; denn von deinem Angesichte / strahlt uns Gnad und Friede zu, uns, den Sündern, denen Tod / und Verdammnis war gedroht.

BG 1019,3 Johann Christoph Blumhardt

*Offenbarung 3,1–6 :: Markus 4,1–9*

---

7. SONNTAG NACH TRINITATIS

So seid ihr nun nicht mehr Gäste und Fremdlinge, sondern Mitbürger der Heiligen und Gottes Hausgenossen. *Epheser 2,19*

*Wochenlied: 221 oder 326*

*Johannes 6,1–15 :: Apostelgeschichte 2,41a.42–47*

*(Pr.) Philipper 2,1–4 :: Psalm 119,121–128*

---

22. Sonntag **Ich wache auf, wenn's noch Nacht ist, nachzusinnen über dein Wort.** *Psalm 119,148*

**Ihr tut gut daran, dass ihr auf das prophetische Wort achtet als auf ein Licht, das da scheint an einem dunklen Ort, bis der Tag anbreche und der Morgenstern aufgehe in euren Herzen.** *2. Petrus 1,19*

O komm, o komm, du Morgenstern, lass uns dich schauen, unsern Herrn. Vertreib das Dunkel unsrer Nacht / durch deines klaren Lichtes Pracht. O komm, o Herr, bleib bis ans End, bis dass uns nichts mehr von dir trennt, bis dich, wie es dein Wort verheißt, der Freien Lied ohn Ende preist.
19,1.3 Otmar Schulz nach John Mason Neale und Henry Sloane Coffin

23. Montag **Sie kamen zu Mose und sprachen: Wir haben gesündigt, dass wir wider den HERRN und wider dich geredet haben. Bitte den HERRN, dass er die Schlangen von uns nehme. Und Mose bat für das Volk.** *4. Mose 21,7*

**Jesus kann für immer selig machen, die durch ihn zu Gott kommen; denn er lebt für immer und bittet für sie.** *Hebräer 7,25*

Wohl mir, ich bitt in Jesu Namen, der mich zu deiner Rechten selbst vertritt, in ihm ist alles Ja und Amen, was ich von dir im Geist und Glauben bitt. Wohl mir, Lob dir jetzt und in Ewigkeit, dass du mir schenkest solche Seligkeit. 328,7 Bartholomäus Crasselius

*2. Chronik 30,13–22 :: Markus 4,10–12*

24. Dienstag **Fürchte dich nicht, Abram! Ich bin dein Schild und dein sehr großer Lohn.**

*1. Mose 15,1*

**Gehört ihr Christus an, so seid ihr Abrahams Kinder und nach der Verheißung Erben.** *Galater 3,29*

Lobe den Herren, was in mir ist, lobe den Namen. Lob ihn mit allen, die seine Verheißung bekamen. Er ist dein Licht, Seele, vergiss es ja nicht. Lob ihn in Ewigkeit. Amen. 316,5 Nach Joachim Neander

*Matthäus 22,1–14 :: Markus 4,13–20*

25. Mittwoch **Herr, mein Gott, als ich schrie zu dir, da machtest du mich gesund.** *Psalm 30,3*

Christus spricht: **Was ihr mich bitten werdet in meinem Namen, das will ich tun.** *Johannes 14,14*

Befiehl du deine Wege / und was dein Herze kränkt / der allertreusten Pflege / des, der den Himmel lenkt. Der Wolken, Luft und Winden / gibt Wege, Lauf und Bahn, der wird auch Wege finden, da dein Fuß gehen kann. 361,1 Paul Gerhardt

*Sacharja 8,9–17 :: Markus 4,21–25*

26. Donnerstag **Wenn du gegessen hast und satt bist, sollst du den Herrn, deinen Gott, loben.**

*5. Mose 8,10*

**Ob ihr nun esst oder trinkt oder was ihr auch tut, das tut alles zu Gottes Ehre.** *1. Korinther 10,31*

Lobet den Herrn und dankt ihm seine Gaben, die wir aus Gnad von ihm empfangen haben / jetzt an dem Tisch und sonst an allen Enden, wo wir uns wenden.
460 Bartholomäus Ringwaldt

*1. Korinther 10,16–17 :: Markus 4,26–29*

27. Freitag **Ich schwor dir's und schloss mit dir einen Bund, spricht Gott der HERR, dass du solltest mein sein.** *Hesekiel 16,8*

**Ihr seid die, die einst kein Volk waren, jetzt aber das Volk Gottes sind, die einst keine Barmherzigkeit erlangten, jetzt aber Barmherzigkeit erlangt haben.** *1. Petrus 2,10*

Gott segne uns, der zu uns steht, auch wenn es sonst keiner tut, der unseren Weg begleitet, auch wenn wir ihn alleine gehen, der uns entgegen kommt, auch wenn wir ihn verlassen haben. Gott segne uns, sein Segen fließe durch unsere Hände und Füße, dass auch wir verlässliche Begleiter werden. Angelika Büchelin

*Lukas 22,14–20 :: Markus 4,30–34*

28. Samstag **Bekehre du mich, so will ich mich bekehren; denn du, HERR, bist mein Gott!** *Jeremia 31,18*

**Ich lebe, doch nun nicht ich, sondern Christus lebt in mir.** *Galater 2,20*

Ich bin getauft auf deinen Namen, Gott Vater, Sohn und Heilger Geist; ich bin gezählt zu deinem Samen, zum

Volk, das dir geheiligt heißt. Ich bin in Christus eingesenkt, ich bin mit seinem Geist beschenkt.
200,1 Johann Jakob Rambach

*Offenbarung 19,4–9 :: Markus 4,35–41*

---

## 8. SONNTAG NACH TRINITATIS

Lebt als Kinder des Lichts; die Frucht des Lichts ist lauter Güte und Gerechtigkeit und Wahrheit.
*Epheser 5,8.9*

*Wochenlied: 318*
*Matthäus 5,13–16 :: Epheser 5,8b–14*
*(Pr.) 1. Korinther 6,9–14.18–20 :: Psalm 119,129–136*

---

29. Sonntag **Wo ist ein Gott im Himmel und auf Erden, der es deinen Werken und deiner Macht gleichtun könnte?** *5. Mose 3,24*

**Christus ist offenbart im Fleisch, gerechtfertigt im Geist, erschienen den Engeln, gepredigt den Heiden, geglaubt in der Welt, aufgenommen in die Herrlichkeit.** *1. Timotheus 3,16*

Wir leben davon, dass Gott in Jesus Christus Mensch wurde. Er lebte wie wir, doch er war ganz mit Gott verbunden. An ihm erkennen wir, wie einer dem anderen begegnen kann. Er ist getötet und begraben worden, aber wir wissen: Christus lebt. Bei ihm endet alle Schuld. Mit ihm hat Gott uns ein neues Leben geschenkt.

30. Montag **Tretet hin und steht und seht die Hilfe des HERRN, der mit euch ist.** *2. Chronik 20,17*

**Paulus sprach: Gottes Hilfe habe ich erfahren bis zum heutigen Tag und stehe nun hier und bin sein Zeuge bei Groß und Klein.** *Apostelgeschichte 26,22*

Herr, ich bitte dich, geselle dich mir auf dem Wege zu, tritt durch meine verschlossenen Türen und nimm meine Torheit von mir. Öffne mir Herz und Sinn für das große Geheimnis deiner wirkmächtigen Gegenwart in meinem Leben und gib mir den Mut, anderen zu helfen, deine Gegenwart auch in ihrem Leben zu entdecken. Henri J. M. Nouwen

*Jakobus 2,14–26 :: Markus 5,1–20*

31. Dienstag **Gleichwie Gewächs aus der Erde wächst und Same im Garten aufgeht, so lässt Gott der HERR Gerechtigkeit aufgehen und Ruhm vor allen Heidenvölkern.** *Jesaja 61,11*

**Jesus sprach: Die Ernte ist groß, der Arbeiter aber sind wenige. Darum bittet den Herrn der Ernte, dass er Arbeiter aussende in seine Ernte.** *Lukas 10,2*

O dass dein Feuer bald entbrennte, o möcht es doch in alle Lande gehn! Ach Herr, gib doch in deine Ernte / viel Knechte, die in treuer Arbeit stehn. O Herr der Ernte, siehe doch darein: die Ernt ist groß, die Zahl der Knechte klein. 241,2 Karl Heinrich von Bogatzky

*2. Korinther 6,11–18 (7,1) :: Markus 5,21–34*

# AUGUST

*Monatsspruch:* Gott heilt, die zerbrochenen Herzens sind, und verbindet ihre Wunden. *Psalm 147,3*

1. Mittwoch **So schau nun vom Himmel und sieh herab von deiner heiligen, herrlichen Wohnung! Wo ist nun dein Eifer und deine Macht?** *Jesaja 63,15*

**Gott hat die Mächte und Gewalten ihrer Macht entkleidet und sie öffentlich zur Schau gestellt und hat einen Triumph aus ihnen gemacht in Christus.** *Kolosser 2,15*

O mächt'ger Herrscher ohne Heere, gewalt'ger Kämpfer ohne Speere, o Friedefürst von großer Macht! Es wollen dir der Erde Herren / den Weg zu deinem Throne sperren, doch du gewinnst ihn ohne Schlacht.
14,2 Friedrich Rückert

*Jakobus 3,13–18 :: Markus 5,35–43*

2. Donnerstag **Der Herr, unser Gott, ist gerecht in allen seinen Werken, die er tut.** *Daniel 9,14*

**Es ist kein Ansehen der Person vor Gott.** *Römer 2,11*

Vater, wir nehmen einander die Liebe weg, die du uns geschenkt hast, damit wir glücklich seien. Wir bleiben einander das Vertrauen schuldig, das du in uns gesetzt hast. Wir trennen uns voneinander und zerreißen das Vertrauen, das unser Leben glücklich machen sollte. Vergib uns unsere Schuld. Jörg Zink

*Lukas 11,33–36(37–41a) :: Markus 6,1–6*

3. Freitag **Lass ab vom Bösen und tu Gutes; suche Frieden und jage ihm nach!** *Psalm 34,15*

**Seid alle eines Sinnes, voller Mitgefühl, liebt einander, übt Barmherzigkeit, seid demütig.**

*1. Petrus 3,8*

Lass mich mit jedermann / in Fried und Freundschaft leben, soweit es christlich ist. Willst du mir etwas geben / an Reichtum, Gut und Geld, so gib auch dies dabei, dass von unrechtem Gut / nichts untermenget sei.
495,5 Johann Heermann

*Johannes 18,19–24 :: Markus 6,7–13*

4. Samstag **Wenn ihr mich von ganzem Herzen suchen werdet, so will ich mich von euch finden lassen, spricht der Herr.** *Jeremia 29,13–14*

**Zachäus stieg auf einen Maulbeerbaum, um Jesus zu sehen; denn dort sollte er durchkommen. Und als Jesus an die Stelle kam, sah er auf und sprach zu ihm: Zachäus, steig eilend herunter; denn ich muss heute in deinem Haus einkehren.** *Lukas 19,4–5*

Ach sucht doch den, lasst alles stehn, die ihr das Heil begehret; er ist der Herr, und keiner mehr, der euch das Heil gewähret. Sucht ihn all Stund von Herzensgrund, sucht ihn allein; denn wohl wird sein / dem, der ihn herzlich ehret. 346,3 Georg Weissel

*Philipper 2,12–18 :: Markus 6,14–29*

9. SONNTAG NACH TRINITATIS

Wem viel gegeben ist, bei dem wird man viel suchen; und wem viel anvertraut ist, von dem wird man umso mehr fordern. *Lukas 12,48*

*Wochenlied: 497*
*Matthäus 25,14–30 :: Philipper 3,7–11(12–14)*
*(Pr.) Jeremia 1,4–10 :: Psalm 141*

5. Sonntag **Ich will wachen über meinem Wort, dass ich's tue.** *Jeremia 1,12*

**Himmel und Erde werden vergehen; meine Worte aber werden nicht vergehen.** *Markus 13,31*

Dein Wort, Herr, nicht vergehet, es bleibet ewiglich, so weit der Himmel gehet, der stets beweget sich; dein Wahrheit bleibt zu aller Zeit / gleichwie der Grund der Erden, durch deine Hand bereit'.
295,4 Cornelius Becker

6. Montag **Wenn ein Gerechter Böses tut, so wird's ihm nicht helfen, dass er gerecht gewesen ist; und wenn ein Gottloser von seiner Gottlosigkeit umkehrt, so soll's ihm nicht schaden, dass er gottlos gewesen ist.** *Hesekiel 33,12*

**Die Jünger zogen aus und predigten, man solle Buße tun.** *Markus 6,12*

Vergib uns, Herr, unsere Schuld. Verzeih, wenn wir mit den Händen schlagen, statt zu helfen; wenn wir mit Worten verletzen, statt zu trösten; wenn wir den Verstand anstrengen, um den anderen zu ärgern, statt ihm

Freude zu machen; wenn wir den anderen auslachen und ihn dadurch entmutigen, statt ihm Mut zu machen.

*1. Könige 3,16–28 :: Markus 6,30–44*

7. Dienstag **Schaffe in mir, Gott, ein reines Herz und gib mir einen neuen, beständigen Geist.**

*Psalm 51,12*

**Ihr seid teuer erkauft; darum preist Gott mit eurem Leibe.** *1. Korinther 6,20*

Erneure mich, o ewigs Licht, und lass von deinem Angesicht / mein Herz und Seel mit deinem Schein / durchleuchtet und erfüllet sein.

390,1 Johann Friedrich Ruopp

*Hesekiel 3,16–21 :: Markus 6,45–56*

8. Mittwoch **Ich bin der Herr, der die Zeichen der Wahrsager zunichte macht und die Weissager zu Narren.** *Jesaja 44,25*

**Bewahre, was dir anvertraut ist, und wende dich ab vom heillosen und leeren Gerede, von den Behauptungen der sogenannten Erkenntnis.**

*1. Timotheus 6,20*

Unglaub und Torheit brüsten / sich frecher jetzt als je; darum musst du uns rüsten / mit Waffen aus der Höh. Du musst uns Kraft verleihen, Geduld und Glaubenstreu / und musst uns ganz befreien / von aller Menschenscheu. 136,3 Philipp Spitta

*Matthäus 19,(4–7)8–12(13–15) :: Markus 7,1–15(16)*

9. Donnerstag **Ich will mich freuen des Herrn und fröhlich sein in Gott, meinem Heil.** *Habakuk 3,18*

**Jesus sprach: Wie können die Hochzeitsgäste fasten, während der Bräutigam bei ihnen ist?** *Markus 2,19*

Jesus, Freude unseres Herzens, du lässt jeden, der aus deinem Verzeihen und deinem Erbarmen lebt, die tiefste aller Gewissheiten ahnen: Wo Barmherzigkeit wohnt, ist Gott. Frère Roger, Taizé

*Epheser 5,15–20 :: Markus 7,17–23*

10. Freitag **Ich erzähle dir meine Wege, und du erhörst mich; lehre mich deine Gebote.** *Psalm 119,26*

Christus spricht: **Das ist mein Gebot, dass ihr euch untereinander liebt, wie ich euch liebe.**
*Johannes 15,12*

Mein Herz hängt treu und feste / an dem, was dein Wort lehrt. Herr, tu bei mir das Beste, sonst ich zuschanden werd. Wenn du mich leitest, treuer Gott, so kann ich richtig laufen den Weg deiner Gebot.
295,3 Cornelius Becker

*Johannes 19,9–16a :: Markus 7,24–30*

11. Samstag **Sieht Gott nicht meine Wege und zählt alle meine Schritte?** *Hiob 31,4*

**Wir müssen alle offenbar werden vor dem Richterstuhl Christi, damit jeder seinen Lohn empfange für das, was er getan hat bei Lebzeiten, es sei gut oder böse.** *2. Korinther 5,10*

Herr unser Gott, du hast uns in deinen Dienst gerufen, lass uns unruhig sein über unser geringes Werk und in der Unruhe uns deines Wortes getrösten! Lass uns vorwärtsschreiten im Verlangen nach dem Anbruch deiner Herrschaft. Wir danken dir, dass unser Werk endet und dein Werk beginnt. Nach Helmut Gollwitzer

*Lukas 12,42–48 :: Markus 7,31–37*

---

10. SONNTAG NACH TRINITATIS (Israelsonntag)

Wohl dem Volk, dessen Gott der HERR ist, dem Volk, das er zum Erbe erwählt hat. *Psalm 33,12*

*Wochenlied: 138 oder 146*

*Lukas 19,41–48 oder Markus 12,28–34*

*Römer 9,1–8.14–16 :: (Pr.) Jesaja 62,6–12 :: Psalm 140*

---

12. Sonntag **Gottes Brünnlein hat Wasser die Fülle.** *Psalm 65,10*

**Von seiner Fülle haben wir alle genommen Gnade um Gnade.** *Johannes 1,16*

Die ihr arm seid und elende, kommt herbei, füllet frei / eures Glaubens Hände. Hier sind alle guten Gaben / und das Gold, da ihr sollt / euer Herz mit laben.
36,9 Paul Gerhardt

13. Montag **So spricht der HERR: Ich gedenke der Treue deiner Jugend und der Liebe deiner Brautzeit, wie du mir folgtest in der Wüste, im Lande, da man nicht sät.** *Jeremia 2,2*

**Sei getreu bis an den Tod, so will ich dir die Krone des Lebens geben.** *Offenbarung 2,10*

Wir haben's nicht erworben / und wahrlich nicht verdient; wir wären längst verdorben / wie ein verlornes Kind. Du aber hast in Gnaden / tagtäglich uns bewahrt, hast auf den dunklen Pfaden / als Licht dich offenbart.
BG 881,2 Arno Pötzsch

*Römer 11,1–12 :: Markus 8,1–9*

13. August 1727: Abendmahlsfeier in der Kirche zu Berthelsdorf; Zusammenschluss der Einwohner Herrnhuts zur Brüdergemeine durch den Geist Gottes

14. Dienstag **Jauchzet, ihr Himmel; freue dich, Erde! Lobet, ihr Berge, mit Jauchzen! Denn der Herr hat sein Volk getröstet und erbarmt sich seiner Elenden.** *Jesaja 49,13*

Paulus schreibt: **Ich habe zu euch allen das Vertrauen, dass meine Freude euer aller Freude ist.** *2. Korinther 2,3*

Jesu, wie soll ich dir danken? Ich bekenne, dass von dir / meine Seligkeit herrühr, so lass mich von dir nicht wanken. Nimm mich dir zu eigen hin, so empfindet Herz und Sinn / Freude, Freude über Freude: Christus wehret allem Leide. Wonne, Wonne über Wonne: Christus ist die Gnadensonne.
34,3 Christian Keimann

*Lukas 21,5–6.20–24 :: Markus 8,10–13*

15. Mittwoch **Siehe, du wirst Heiden rufen, die du nicht kennst, und Heiden, die dich nicht kennen, werden zu dir laufen um des Herrn willen.** *Jesaja 55,5*

Paulus schreibt: **Ich war bei euch in Schwachheit und in Furcht und mit großem Zittern; und mein Wort und meine Predigt geschahen nicht mit überredenden Worten menschlicher Weisheit, sondern in Erweisung des Geistes und der Kraft.**

*1. Korinther 2,3–4*

Heiliger Geist, mache unsere Herzen hell, so wie die Sonne Licht wirft auf dieses dunkle Land rings um uns her. Mögen wir allezeit deine Strahlen widerspiegeln, damit die, die dich nicht kennen, dich in uns entdecken.

*Johannes 4,19–26 :: Markus 8,14–21*

16. Donnerstag **Erhebe deine Stimme wie eine Posaune und verkündige meinem Volk seine Abtrünnigkeit!** *Jesaja 58,1*

**Sind wir untreu, so bleibt er doch treu; denn er kann sich selbst nicht verleugnen.** *2. Timotheus 2,13*

Treuer Herr, wir leben aus der Zusage deines Wortes, dass du zu uns stehst, sogar dann, wenn wir versuchen, unsere Wege ohne dich zu gehen. Das ermutigt uns, menschlicher Selbstherrlichkeit dein Wort entgegen zu setzen. *

*Römer 11,13–24 :: Markus 8,22–26*

17. Freitag **Ich will schauen dein Antlitz in Gerechtigkeit, ich will satt werden, wenn ich erwache, an deinem Bilde.** *Psalm 17,15*

**Das Wort ward Fleisch und wohnte unter uns, und wir sahen seine Herrlichkeit.** *Johannes 1,14*

Das ist des Vaters Wille, der uns geschaffen hat. Sein Sohn hat Guts die Fülle / erworben uns und Gnad. Auch Gott der Heilig Geist / im Glauben uns regieret, zum Reich der Himmel führet. Ihm sei Lob, Ehr und Preis! 365,8 Ludwig Helmbold

*Lukas 23,27–31 :: Markus 8,27–33*

18. Samstag **Fürchte dich nicht; denn ich bin bei dir und will dich erretten, spricht der Herr.** *Jeremia 1,8*

**Ihr habt nicht einen knechtischen Geist empfangen, dass ihr euch abermals fürchten müsstet; sondern ihr habt einen kindlichen Geist empfangen, durch den wir rufen: Abba, lieber Vater!** *Römer 8,15*

Lass ferner dich erbitten, o Vater, und bleib mitten / in unserm Kreuz und Leiden / ein Brunnen unsrer Freuden. 58,8 Paul Gerhardt

*5. Mose 4,27–35(36–40) :: Markus 8,34–9,1*

---

11. SONNTAG NACH TRINITATIS

Gott widersteht den Hochmütigen, aber den Demütigen gibt er Gnade. *1. Petrus 5,5*

*Wochenlied: 299*

*Lukas 18,9–14 :: Epheser 2,4–10 :: (Pr.) Galater 2,16–21*

*Psalm 122*

---

19. Sonntag **Die Blinden will ich auf dem Wege leiten, den sie nicht wissen; ich will sie führen auf den Steigen, die sie nicht kennen.** *Jesaja 42,16*

**Gott ist Licht, und in ihm ist keine Finsternis.**
*1. Johannes 1,5*

Erleuchte, die da sind verblend't, bring her, die sich von uns getrennt, versammle, die zerstreuet gehn, mach feste, die im Zweifel stehn. 72,5 Johann Heermann

20. Montag **Gott der Herr wird die Hand nicht abziehen und dich nicht verlassen, bis du jedes Werk für den Dienst im Hause des Herrn vollendet hast.**
*1. Chronik 28,20*

**Unser Herr Jesus Christus wird euch fest erhalten bis ans Ende, dass ihr untadelig seid am Tag unseres Herrn Jesus Christus.** *1. Korinther 1,8*

Herr Jesus Christus, der Plan deiner Liebe erfüllt sich an uns. Du weißt alle Dinge, und nichts, was du dir vorgenommen hast, wird fehlen. Alles, was du uns heißest zu tun, vollbringst du in uns. Wir danken dir dafür. Hanna Hümmer

*Hesekiel 17,1–6.22–24 :: Markus 9,2–13*

21. Dienstag **Lobet den Herrn, alle seine Werke, an allen Orten seiner Herrschaft! Lobe den Herrn, meine Seele!** *Psalm 103,22*

Christus spricht: **Gehet hin und machet zu Jüngern alle Völker.** *Matthäus 28,19*

Gottes Wort ist klar, dass der ganzen Schar / aller Menschen hier auf Erden / Friede soll verkündigt werden. Darauf waget man, was man immer kann.
BG 387,1 Matthäus Stach

*1. Mose 19,15–26 :: Markus 9,14–29*

21. August 1732: Aussendung der ersten Missionare aus Herrnhut

22. Mittwoch **Hilf, HERR! Die Heiligen haben abgenommen, und gläubig sind wenige unter den Menschenkindern.** *Psalm 12,2*

**Wie eng ist die Pforte und wie schmal der Weg, der zum Leben führt, und wenige sind's, die ihn finden!** *Matthäus 7,14*

Führ dein Volk durch diese Zeiten / als ein Zeichen für die Welt, sind doch Licht und Dunkelheiten / unter deine Macht gestellt. Lass uns mitten im Geschehen / einen Glanz von Ostern sehen! Christus, als dein Eigentum / bringen wir dir Preis und Ruhm. Detlev Block

*Markus 7,24–30 :: Markus 9,30–37*

23. Donnerstag **Dies Volk naht mir mit seinem Munde und ehrt mich mit seinen Lippen, aber ihr Herz ist fern von mir.** *Jesaja 29,13*

**Jesus sprach: Wer Gottes Willen tut, der ist mein Bruder und meine Schwester und meine Mutter.** *Markus 3,35*

Gib meinem Glauben Mut und Stärke / und lass ihn in der Liebe tätig sein, dass man an seinen Früchten merke, er sei kein eitler Traum und falscher Schein. Er stärke mich in meiner Pilgerschaft / und gebe mir zum Kampf und Siege Kraft.
414,2 Georg Joachim Zollikofer

*1. Petrus 5,1–5 :: Markus 9,38–41*

24. Freitag **Eile, mir beizustehen, Herr, du meine Hilfe!** *Psalm 38,23*

**Das Gebet des Glaubens wird dem Kranken helfen, und der Herr wird ihn aufrichten.** *Jakobus 5,15*

Heiliger Gott, dir befehlen wir die Kranken, die Einsamen, die Traurigen. Sieh du sie und uns alle gnädig an. Sei nicht fern mit deiner Hilfe, mit deiner Fürsorge, mit deinem Erbarmen! Hans-Gerd Krabbe

*Lukas 22,54–62 :: Markus 9,42–50*

25. Samstag **Jakob nannte die Stätte, da Gott mit ihm geredet hatte, Bethel** (Haus Gottes).
*1. Mose 35,15*

**Christus war treu als Sohn über Gottes Haus. Sein Haus sind wir, wenn wir das Vertrauen und den Ruhm der Hoffnung festhalten.** *Hebräer 3,6*

Ich bin, Herr, zu dir gekommen, komme du nun auch zu mir. Wo du Wohnung hast genommen, da ist lauter Himmel hier. Zieh in meinem Herzen ein, lass es deinen Tempel sein. 166,2 Benjamin Schmolck

*Jesaja 26,1–6 :: Markus 10,1–12*

## 12. SONNTAG NACH TRINITATIS

Das geknickte Rohr wird er nicht zerbrechen, und den glimmenden Docht wird er nicht auslöschen.

*Jesaja 42,3*

*Wochenlied: 289*
*Markus 7,31–37 :: Apostelgeschichte 9,1–9(10–20)*
*(Pr.) Apostelgeschichte 3,1–10 :: Psalm 147*

26. Sonntag **Dass aber ein Mensch essen und trinken kann und sich gütlich tun bei all seiner Mühsal, auch das ist eine Gabe Gottes.** *Prediger 3,13*

**Sie waren täglich einmütig beieinander im Tempel und brachen das Brot hier und dort in den Häusern, hielten die Mahlzeiten mit Freude und lauterem Herzen.** *Apostelgeschichte 2,46*

Barmherziger Gott, du hast uns in deiner Schöpfung viele gute Gaben geschenkt. Segne unser Miteinander, damit wir uns gemeinsam an deinen Gaben freuen und so Gemeinschaft erfahren, die zusammengehalten wird von dir und deinem Geist der Liebe. Anselm Grün

27. Montag **Danket dem Herrn aller Herren, der allein große Wunder tut, denn seine Güte währet ewiglich.** *Psalm 136,3.4*

**Alle gute Gabe und alle vollkommene Gabe kommt von oben herab, von dem Vater des Lichts.**

*Jakobus 1,17*

Vater alles Lebens, lass uns nicht vergebens / durch der Schöpfung Garten gehn, lass uns deine Wunder sehn,

dass wie Sonne, Blum und Stern / wir dem Licht gehorchen gern, dienstbar Christus, unserm Herrn.
BG 839,3 Otto Riethmüller nach Michael Weiße

*Matthäus 9,27–34 :: Markus 10,13–16*

28. Dienstag **Ich pries und ehrte den, der ewig lebt, dessen Gewalt ewig ist und dessen Reich für und für währt, gegen den alle, die auf Erden wohnen, für nichts zu rechnen sind.** *Daniel 4,31–32*

**Wir predigen Christus als Gottes Kraft und Gottes Weisheit. Denn die Schwachheit Gottes ist stärker, als die Menschen sind.** *1. Korinther 1,24.25*

Seh ich dein Kreuz den Klugen dieser Erden / ein Ärgernis und eine Torheit werden: so sei's doch mir, trotz allen frechen Spottes, die Weisheit Gottes. Da du dich selbst für mich dahingegeben, wie könnt ich noch nach meinem Willen leben? Und nicht vielmehr, weil ich dir angehöre, zu deiner Ehre.
91,5.7 Christian Fürchtegott Gellert

*4. Mose 12,1–15 :: Markus 10,17–31*

29. Mittwoch **Die Toren sprechen in ihrem Herzen: »Es ist kein Gott.«** *Psalm 14,1*

**Was töricht ist vor der Welt, das hat Gott erwählt, damit er die Weisen zuschanden mache.**
*1. Korinther 1,27*

Mit Vernunft sich unterstehen, Gottes Ordnung zu ergründen oder sie zu schützen, ist gleichbedeutend, als wenn ich die helle Sonne mit einer finsteren Laterne erleuchten wollte. Martin Luther

*Matthäus 17,14–20(21) :: Jeremia 1,1–19*

30. Donnerstag **Ach Herr, strafe mich nicht in deinem Zorn und züchtige mich nicht in deinem Grimm!** *Psalm 6,2*

**Christus ist darum für alle gestorben, damit, die da leben, hinfort nicht sich selbst leben, sondern dem, der für sie gestorben und auferstanden ist.** *2. Korinther 5,15*

Mein Gott und Herr, ich erhoffe von dir die Verzeihung meiner Sünden, deine Gnade und endlich die ewige Seligkeit, weil du, gütiger und treuer Gott, all dies versprochen hast. Stärke, Gott, meine Hoffnung!

*Jakobus 5,13–16 :: Jeremia 2,1–13*

31. Freitag **Das Volk, das im Finstern wandelt, sieht ein großes Licht, und über denen, die da wohnen im finstern Lande, scheint es hell.** *Jesaja 9,1*

**Ihr wart früher Finsternis; nun aber seid ihr Licht in dem Herrn. Lebt als Kinder des Lichts.** *Epheser 5,8*

Du durchdringest alles; lass dein schönstes Lichte, Herr, berühren mein Gesichte. Wie die zarten Blumen / willig sich entfalten / und der Sonne stille halten, lass mich so / still und froh / deine Strahlen fassen / und dich wirken lassen. 165,6 Gerhard Tersteegen

*Lukas 23,6–12 :: Jeremia 3,21–4,4*

# SEPTEMBER

*Monatsspruch:* Bin ich nur ein Gott, der nahe ist, spricht der Herr, und nicht auch ein Gott, der ferne ist?
*Jeremia 23,23*

1. Samstag **Ich will dir danken in großer Gemeinde; unter vielem Volk will ich dich rühmen.**
*Psalm 35,18*

**Lasst euer Licht leuchten vor den Leuten, damit sie eure guten Werke sehen und euren Vater im Himmel preisen.** *Matthäus 5,16*

Lobet den Herrn! Ja, lobe den Herrn auch meine Seele; vergiss es nie, was er dir Guts getan! Singet dem Herrn! Lobsinget dem Herrn in frohen Chören, denn er vernimmt auch unsern Lobgesang!
333,2.6 Karl Friedrich Wilhelm Herrosee

*Jesaja 57,15–19 :: Jeremia 6,1–15*

---

13. SONNTAG NACH TRINITATIS

Christus spricht: Was ihr getan habt einem von diesen meinen geringsten Brüdern, das habt ihr mir getan. *Matthäus 25,40*

*Wochenlied: 343*
*Lukas 10,25–37 :: 1. Johannes 4,7–12*
*(Pr.) 1. Mose 4,1–16a :: Psalm 53*

---

2. Sonntag **Du sollst dir kein Gottesbild machen, in keinerlei Gestalt.** *5. Mose 5,8*

**Niemand hat Gott jemals gesehen. Wenn wir uns untereinander lieben, so bleibt Gott in uns, und seine Liebe ist in uns vollkommen.** *1. Johannes 4,12*

Liebe, hast du es geboten, dass man Liebe üben soll, o so mache doch die toten, trägen Geister lebensvoll. Zünde an die Liebesflamme, dass ein jeder sehen kann: Wir, als die von einem Stamme, stehen auch für einen Mann.

251,6 Christian Gregor und Albert Knapp nach Nikolaus Ludwig von Zinzendorf

3. Montag **Ich will das steinerne Herz wegnehmen aus ihrem Leibe und ihnen ein fleischernes Herz geben, damit sie in meinen Geboten wandeln und meine Ordnungen halten und danach tun.**

*Hesekiel 11,19.20*

**Im Gehorsam gegenüber der Wahrheit habt ihr eure Seelen rein gemacht, frei für die Liebe unter Brüdern und Schwestern, die keine Verstellung kennt; so liebt denn einander aus reinem Herzen, ohne nachzulassen!** *1. Petrus 1,22*

Ich rufe zu dir, ewiger Vater, ich flehe dich an, gütiger Gott, du mögest uns und alle deine Diener mit dem Feuer deiner Liebe entflammen. Katharina von Siena

*5. Mose 15,1–11 :: Jeremia 6,16–30*

4. Dienstag **Die Erde ist voll der Güte des Herrn.**

*Psalm 33,5*

**Ihr kennt die Gnade unseres Herrn Jesus Christus: obwohl er reich ist, wurde er doch arm um euretwillen, damit ihr durch seine Armut reich würdet.**

*2. Korinther 8,9*

Er ist auf Erden kommen arm, dass er unser sich erbarm / und in dem Himmel mache reich / und seinen lieben Engeln gleich. Kyrieleis. Das hat er alles uns getan, sein groß Lieb zu zeigen an. Des freu sich alle Christenheit / und dank ihm des in Ewigkeit. Kyrieleis.

23,6–7 Martin Luther

*Amos 5,4–15 :: Jeremia 7,1–15*

5. Mittwoch **Noah tat alles, was ihm Gott gebot.**

*1. Mose 6,22*

**Legt von euch ab den alten Menschen mit seinem früheren Wandel, der sich durch trügerische Begierden zugrunde richtet. Erneuert euch aber in eurem Geist und Sinn.** *Epheser 4,22–23*

Weck die tote Christenheit / aus dem Schlaf der Sicherheit, dass sie deine Stimme hört, sich zu deinem Wort bekehrt. Erbarm dich, Herr.

262,2 Nach Christian Gottlob Barth

*5. Mose 24,(10–15)17–22 :: Jeremia 7,16–28*

6. Donnerstag **Der Engel des Herrn lagert sich um die her, die ihn fürchten, und hilft ihnen heraus.**

*Psalm 34,8*

**Der Engel des Herrn kam herein und Licht leuchtete auf in dem Raum; und er stieß Petrus in die Seite und weckte ihn und sprach: Steh schnell auf! Und die Ketten fielen ihm von seinen Händen.**

*Apostelgeschichte 12,7*

Herr Jesus Christus, voll staunender Ehrfurcht hören wir die Geschichten von deinen Boten, die Menschen beigestanden haben. Wenn wir in Not sind, lass auch uns spüren, dass du uns nahe bist. *

*Apostelgeschichte 4,32–37 :: Jeremia 9,1–23*

Ökumenischer Tag der Schöpfung

7. Freitag **Wir warten auf dich, HERR, auch auf dem Wege deiner Gerichte.** *Jesaja 26,8*

**Werden wir vom Herrn gerichtet, so werden wir zurechtgebracht, damit wir nicht zusammen mit der Welt verurteilt werden.** *1. Korinther 11,32*

Rühmt, Völker, unsern Gott; lobsinget, jauchzt ihm, der uns sich offenbart, der uns vom Tod zum Leben bringet, vor Straucheln unsern Fuß bewahrt. Du läuterst uns durch heißes Leiden, wie Silber rein wird in der Glut, durch Leiden führst du uns zu Freuden; ja, alles, was du tust, ist gut. 279,4 Matthias Jorissen

*Matthäus 26,47–50(55.56) :: Jeremia 12,1–6*

8. Samstag **Das ist meine Freude, dass ich mich zu Gott halte und meine Zuversicht setze auf Gott den HERRN, dass ich verkündige all dein Tun.**

*Psalm 73,28*

**Welche ihren Dienst gut versehen, die erwerben sich selbst ein gutes Ansehen und große Zuversicht im Glauben an Christus Jesus.** *1. Timotheus 3,13*

Die sich sein nicht schämen / und sein' Dienst annehmen / durch ein' rechten Glauben / mit ganzem Vertrauen, denen wird er eben / ihre Sünd vergeben.
5,3 Böhmische Brüder 1544

*Judas 1.2.20–25 :: Jeremia 13,1–11*

---

14. SONNTAG NACH TRINITATIS

Lobe den HERRN, meine Seele, und vergiss nicht, was er dir Gutes getan hat. *Psalm 103,2*

*Wochenlied: 365*

*Lukas 17,11–19 :: Römer 8,(12–13)14–17*

*(Pr.) 1. Thessalonicher 1,2–10 :: Psalm 146*

---

9. Sonntag **Ich werde dich entrinnen lassen, dass du nicht durch das Schwert umkommen sollst; du wirst dein Leben als Beute davontragen, weil du auf mich vertraut hast, spricht der HERR.** *Jeremia 39,18*

Christus spricht: **Wer da lebt und glaubt an mich, der wird nimmermehr sterben.** *Johannes 11,26*

Du bist ja ein Hauch aus Gott / und aus seinem Geist geboren. Darum liege nicht im Tod; bist zu Gottes Reich erkoren. Suche Jesus und sein Licht, alles andre hilft dir nicht. BG 723,4 Jakob Gabriel Wolf

10. Montag **Siehe, der Hüter Israels schläft und schlummert nicht.** *Psalm 121,4*

**Die Nacht ist vorgerückt, der Tag aber nahe herbeigekommen. So lasst uns ablegen die Werke der Finsternis und anlegen die Waffen des Lichts.**
*Römer 13,12*

Herr, nur ein winziger Funke aus deinem Reich des Lichtes, der Liebe, der Güte und der Gerechtigkeit kann das Herz eines Menschen entflammen und in ihm die Sehnsucht nach dir für immer begründen. Erwecke auch in mir, Herr, durch dein Wort und deine alles vermögende Liebe das Verlangen, dich zu suchen und zu finden. Nach Peter Dyckhoff

*2. Timotheus 1,1–6(7) :: Jeremia 14,1–16*

11. Dienstag **Siehe, es ist kein Wort auf meiner Zunge, das du, Herr, nicht schon wüsstest.**
*Psalm 139,4*

**Die guten Werke einiger Menschen sind zuvor offenbar, und wenn es anders ist, können sie doch nicht verborgen bleiben.** *1. Timotheus 5,25*

Hilf, dass ich rede stets, womit ich kann bestehen; lass kein unnützlich Wort / aus meinem Munde gehen; und wenn in meinem Amt ich reden soll und muss, so gib den Worten Kraft und Nachdruck ohn Verdruss.
495,3 Johann Heermann

*Johannes 9,24–38(39–41) :: Jeremia 15,10.15–21*

12. Mittwoch **Die Gnade des Herrn währt von Ewigkeit zu Ewigkeit über denen, die ihn fürchten, und seine Gerechtigkeit auf Kindeskind bei denen, die seinen Bund halten.** *Psalm 103,17–18*

**Bleibt im Glauben, gegründet und fest, und weicht nicht von der Hoffnung des Evangeliums, das ihr gehört habt und das gepredigt ist allen Geschöpfen unter dem Himmel.** *Kolosser 1,23*

Du, Herr Jesus Christus, kannst durch alle verschlossenen Türen und Mauern gehen. Du kannst in mir das Kind sehen, das deinen liebevollen Vater immer besser kennenlernen möchte. Henri J. M. Nouwen

*Philemon 1–16(17–22) :: Jeremia 16,1–13*

13. Donnerstag **Unser Leben währet siebzig Jahre, und wenn's hoch kommt, so sind's achtzig Jahre, und was daran köstlich scheint, ist doch nur vergebliche Mühe.** *Psalm 90,10*

**Was sichtbar ist, das ist zeitlich; was aber unsichtbar ist, das ist ewig.** *2. Korinther 4,18*

Alles vergehet, Gott aber stehet / ohne alles Wanken; seine Gedanken, sein Wort und Wille hat ewigen Grund. Sein Heil und Gnaden, die nehmen nicht Schaden, heilen im Herzen / die tödlichen Schmerzen, halten uns zeitlich und ewig gesund.
449,8 Paul Gerhardt

*1. Chronik 29,9–18 :: Jeremia 17,5–13*

14. Freitag **Seine Hilfe ist nahe denen, die ihn fürchten, dass Güte und Treue einander begegnen, Gerechtigkeit und Friede sich küssen.** *Psalm 85,10.11*

**Weil ihr darauf wartet, darum setzt auch alles daran, dass eure Gemeinschaft mit dem Herrn durch**

**nichts beeinträchtigt wird. Bemüht euch, rein und fehlerlos vor ihm zu stehen, wenn er kommt.**

*2. Petrus 3,14*

Weil der Schmerz verschwinden soll, wird jetzt schon jede Schmerzstillung, jede Wohltat zum Hinweis auf die große Verheißung. Weil Gottes Reich ein Reich der Freiheit sein will, ist jetzt schon der Kampf gegen Unterdrückung eine Demonstration für das Reich Gottes.

Helmut Gollwitzer

*Johannes 13,31–35 :: Jeremia 18,1–12*

15. Samstag **Der Herr lebt! Gelobt sei mein Fels!**

*Psalm 18,47*

**Kommt zu Jesus Christus als zu dem lebendigen Stein, der von den Menschen verworfen ist, aber bei Gott auserwählt und kostbar.** *1. Petrus 2,4*

Er ist ein Fels, ein sichrer Hort, und Wunder sollen schauen, die sich auf sein wahrhaftig Wort / verlassen und ihm trauen. Er hat's gesagt, und darauf wagt / mein Herz es froh und unverzagt / und lässt sich gar nicht grauen. 374,2 Philipp Spitta

*2. Thessalonicher 2,13–17 :: Jeremia 19,1–13*

---

15. SONNTAG NACH TRINITATIS

Alle eure Sorge werft auf ihn; denn er sorgt für euch.

*1. Petrus 5,7*

*Wochenlied: 345 oder 369*
*Matthäus 6,25–34 :: 1. Petrus 5,5c–11*
*(Pr.) Galater 5,25–26; 6,1–3.7–10:: Psalm 139*

---

16. Sonntag **So spricht der Herr: Ich habe Lust an der Liebe und nicht am Opfer, an der Erkenntnis Gottes und nicht am Brandopfer.** *Hosea 6,6*

**Ihn lieben von ganzem Herzen, von ganzem Gemüt und von allen Kräften, und seinen Nächsten lieben wie sich selbst, das ist mehr als alle Brandopfer und Schlachtopfer.** *Markus 12,33*

Lass in Furcht mich vor dich treten, heilige du Leib und Geist, dass mein Singen und mein Beten / ein gefällig Opfer heißt. Heilige du Mund und Ohr, zieh das Herze ganz empor. 166,3 Benjamin Schmolck

17. Montag **Wenn sich der Ungerechte abkehrt von seiner Ungerechtigkeit, die er getan hat, und übt nun Recht und Gerechtigkeit, der wird sein Leben erhalten.** *Hesekiel 18,27*

**Die Geduld unseres Herrn erachtet für eure Rettung.** *2. Petrus 3,15*

Herr, unser Gott, wir kommen zu dir, weil du geduldig bist und unser aller Rettung willst. Wir bekennen, durch unsere Art zu leben zur Ungerechtigkeit auf der Erde beizutragen. Wir bitten dich, vergib uns unsere Schuld. *

*Philipper 4,8–14 :: Jeremia 20,7–18*

18. Dienstag **Lasst uns mit Danken vor sein Angesicht kommen und mit Psalmen ihm jauchzen! Denn der Herr ist ein großer Gott.** *Psalm 95,2–3*

**Jesus sprach: Gebt Gott, was Gottes ist!**

*Markus 12,17*

Dankt unserm Gott, lobsinget ihm, rühmt seinen Namen mit lauter Stimm; lobsingt und danket allesamt! Gott loben, das ist unser Amt. 288,5 David Denicke

*1. Timotheus 6,(3–5)6–11a :: Jeremia 21,1–14*

19. Mittwoch **Ich bin der Herr. Was ich rede, das soll geschehen.** *Hesekiel 12,25*

**Der Hauptmann sprach zu Jesus: Herr, sprich nur ein Wort, so wird mein Knecht gesund.**

*Matthäus 8,8*

Glauben heißt: der Gnade trauen, die uns Jesu Wort verspricht; da verschwindet Furcht und Grauen / durch das helle Glaubenslicht.
BG 429,6 Ernst Gottlieb Woltersdorf

*Apostelgeschichte 27,33–44 :: Jeremia 23,1–8*

20. Donnerstag **Aus Zion bricht an der schöne Glanz Gottes. Unser Gott kommt und schweiget nicht.** *Psalm 50,2–3*

**Jesus ließ sich taufen von Johannes im Jordan. Und alsbald, als er aus dem Wasser stieg, sah er, dass sich der Himmel auftat und der Geist wie eine Taube herabkam auf ihn. Und da geschah eine Stimme vom Himmel: Du bist mein lieber Sohn, an dir habe ich Wohlgefallen.** *Markus 1,9–11*

Das Wort hat Gott gesprochen / hinein in diese Zeit. Es ist hereingebrochen / im Wort die Ewigkeit. Lauf, Wort, mit allen Winden / durch jedes Volk und Land, dass sich die Völker finden, so wie das Wort sie fand.

BG 388,2.5 Arno Pötzsch

*Lukas 10,38–42 :: Jeremia 23,21–32*

21. Freitag **Du bist meine Zuversicht, Herr, mein Gott, meine Hoffnung von meiner Jugend an.**

*Psalm 71,5*

**Dieses kostbare Gut, das dir anvertraut ist, bewahre durch den Heiligen Geist, der in uns wohnt.**

*2. Timotheus 1,14*

Immerfort empfange ich mich aus deiner Hand. Immerfort blickt mich voll Liebe dein Auge an, und ich lebe aus deinem Blick, du, mein Schöpfer und mein Heil. Lehre mich, in der Stille deiner Gegenwart das Geheimnis zu verstehen, dass ich bin. Und dass ich bin durch dich und von dir und für dich.

Nach Romano Guardini

*Lukas 22,35–38 :: Jeremia 25,1–14*

22. Samstag **Du bist mein Schutz und meine Zuflucht, mein Heiland, der du mir hilfst vor Gewalt.**

*2. Samuel 22,3*

**Seid stark in dem Herrn und in der Macht seiner Stärke.** *Epheser 6,10*

Führe, leite und bereite mich, wie du mich haben willst; gib mir Klarheit, Geist und Wahrheit, dass ich gleich sei deinem Bild, dass man merke, meine Stärke sei in dir, und du mein Schild. Nach Magdalena Sibylla Rieger

*Lukas 6,20–26 :: Jeremia 26,1–19*

---

16. SONNTAG NACH TRINITATIS

Christus Jesus hat dem Tode die Macht genommen und das Leben und ein unvergängliches Wesen ans Licht gebracht durch das Evangelium.

*2. Timotheus 1,10*

*Wochenlied: 113 oder 364*
*Johannes 11,1(2)3.17–27(41–45)*
*2. Timotheus 1,7–10 :: (Pr.) Apostelgeschichte 12,1–11*
*Psalm 42*

---

23. Sonntag **Siehe, ich, der Herr, bin der Gott allen Fleisches, sollte mir etwas unmöglich sein?**

*Jeremia 32,27*

**Ich bin das A und das O, spricht Gott der Herr, der da ist und der da war und der da kommt, der Allmächtige.** *Offenbarung 1,8*

Jesus ist kommen, Grund ewiger Freude; A und O, Anfang und Ende steht da. Gottheit und Menschheit vereinen sich beide; Schöpfer, wie kommst du uns Menschen so nah! Himmel und Erde, erzählet's den Heiden: Jesus ist kommen, Grund ewiger Freuden.

66,1 Johann Ludwig Konrad Allendorf

24. Montag **Siehe, wie Ton in der Hand des Töpfers, so seid ihr in meiner Hand.** *Jeremia 18,6*

**Gott ist's, der in euch wirkt beides, das Wollen und das Vollbringen, nach seinem Wohlgefallen.**

*Philipper 2,13*

Drum komm, Herr Jesu, stärke mich, hilf mir in meinen Werken, lass du mit deiner Gnade dich / bei meiner Arbeit merken; gib dein Gedeihen selbst dazu, dass ich in allem, was ich tu, ererbe deinen Segen.

494,4 Salomo Liscow

*Römer 6,18–23 :: Jeremia 27,1–22*

25. Dienstag **Meine Gedanken sind nicht eure Gedanken, und eure Wege sind nicht meine Wege, spricht der Herr.** *Jesaja 55,8*

**Jesus sprach zu Simon und Andreas: Folgt mir nach; ich will euch zu Menschenfischern machen! Sogleich verließen sie ihre Netze und folgten ihm nach.**

*Markus 1,17–18*

Nicht von der Welt zu Gott, sondern von Gott zur Welt geht der Weg Jesu Christi und daher der Weg alles christlichen Denkens. Dietrich Bonhoeffer

*Apostelgeschichte 21,8–14 :: Jeremia 28,1–17*

26. Mittwoch **Darum will ich ihm die Vielen zur Beute geben, und er soll die Starken zum Raube haben, dafür dass er sein Leben in den Tod gegeben hat.** *Jesaja 53,12*

Christus spricht: **Alles ist mir übergeben von meinem Vater; und niemand kennt den Sohn als nur der Vater; und niemand kennt den Vater als nur der Sohn und wem es der Sohn offenbaren will.**

*Matthäus 11,27*

Die ganze Welt ist dein Eigentum / und muss dir dienen zu deinem Ruhm. Alles sage Amen, den Herrn zu loben, hier auf der Erd und im Himmel droben, was Stimme hat! BG 971,4 Nach Christian Gregor

*Markus 5,21–24.35–43 :: Jeremia 29,1–14*

27. Donnerstag **Lass uns leben, so wollen wir deinen Namen anrufen.** *Psalm 80,19*

**Jesus sprach zu Bartimäus: Geh hin, dein Glaube hat dir geholfen. Und sogleich wurde er sehend und folgte ihm nach auf dem Wege.** *Markus 10,52*

Herr, öffne meine Augen, dass ich die Not der anderen sehe; öffne meine Ohren, dass ich ihren Schrei höre; öffne mein Herz, dass sie nicht ohne Beistand bleiben. Gib, dass ich mich nicht weigere, die Schwachen und Armen zu verteidigen, weil ich den Zorn der Starken und Reichen fürchte.

*Philipper 1,19–26 :: Jeremia 30,1–3; 31,1–14*

28. Freitag **Er handelt nicht mit uns nach unsern Sünden und vergilt uns nicht nach unsrer Missetat.**

*Psalm 103,10*

**Darin besteht die Liebe: nicht dass wir Gott geliebt haben, sondern dass er uns geliebt hat und gesandt seinen Sohn zur Versöhnung für unsre Sünden.**

*1. Johannes 4,10*

Wie sich ein treuer Vater neigt / und Guts tut seinen Kindern, also hat sich auch Gott erzeigt / allzeit uns armen Sündern; er hat uns lieb und ist uns hold, vergibt uns gnädig alle Schuld, macht uns zu Überwindern. 318,4 Michael Weiße

*Johannes 18,3–9 :: Jeremia 31,18–20.31–37*

---

MICHAELISTAG

Der Engel des HERRN lagert sich um die her, die ihn fürchten. *Psalm 34,8*

*Lied: 143*

*Lukas 10,17–20 :: Offenbarung 12,7–12a(12b)*

*(Pr.) Apostelgeschichte 5,17–21(22–27a)27b–29*

*Jeremia 36,1–32*

---

29. Samstag **Der Storch unter dem Himmel weiß seine Zeit, Turteltaube, Kranich und Schwalbe halten die Zeit ein, in der sie wiederkommen sollen; aber mein Volk will das Recht des HERRN nicht wissen.** *Jeremia 8,7*

Jesus sprach: **Was nennt ihr mich Herr, Herr, und tut nicht, was ich euch sage?** *Lukas 6,46*

Wir brauchen deine Vergebung, gnädiger Gott, weil wir es nicht wagen, deine Gaben anzunehmen und auf deine Verheißungen zu bauen. Schenke uns eine wahrhaftige Umkehr. Mache uns dazu frei, auf dein Wort zu hören. Mache uns frei, dir zu dienen.

## 17. SONNTAG NACH TRINITATIS

Unser Glaube ist der Sieg, der die Welt überwunden hat. *1. Johannes 5,4*

*Wochenlied: 346*
*Matthäus 15,21–28 :: Römer 10,9–17(18)*
*(Pr.) Jesaja 49,1–6 :: Psalm 144*

30. Sonntag **Du, Herr, wollest deine Barmherzigkeit nicht von mir wenden; lass deine Güte und Treue allewege mich behüten.** *Psalm 40,12*

**Der Herr ist treu; der wird euch stärken und bewahren vor dem Bösen.** *2. Thessalonicher 3,3*

Du, Gott, hast das Gewissen der Menschen wunderbar gemacht und ihm die Aufgabe zugewiesen, ihnen Gut und Böse anzuzeigen. Deshalb können wir uns vor dem eigenen Gewissen nicht verbergen, das der untrügliche Richter und Zeuge des menschlichen Herzens ist.

Nach Johann Arndt

# OKTOBER

*Monatsspruch:* Der HERR ist freundlich dem, der auf ihn harrt, und dem Menschen, der nach ihm fragt.

*Klagelieder 3,25*

1. Montag **Ich glaube aber doch, dass ich sehen werde die Güte des HERRN im Lande der Lebendigen.**

*Psalm 27,13*

**Siehe, jetzt ist die Zeit der Gnade, siehe, jetzt ist der Tag des Heils!** *2. Korinther 6,2*

Lass uns deine Herrlichkeit / sehen auch in dieser Zeit / und mit unsrer kleinen Kraft / suchen, was den Frieden schafft. Erbarm dich, Herr.

262,6 Nach Christian David

*Offenbarung 14,4–7(13–16) :: Jeremia 37,1–21*

2. Dienstag **Der HERR hat mich gesandt, zu verkündigen ein gnädiges Jahr des HERRN und einen Tag der Vergeltung unsres Gottes.** *Jesaja 61,1.2*

**Jesus kam nach Nazareth und ging nach seiner Gewohnheit am Sabbat in die Synagoge. Und er fing an, zu ihnen zu reden: Heute ist dieses Wort der Schrift erfüllt vor euren Ohren.** *Lukas 4,16.21*

Welch göttlich holdes Gnadenjahr / eröffnet sich der Erde! Komm, komm, dass aller Völker Schar / durch dich gesegnet werde. Dir weicht der Fluch, der Irrtum

flieht, Gerechtigkeit und Friede blüht. Komm, höre laut von allen / Hosiannajubel schallen!
BG 155,3 Karl Bernhard Garve

*Matthäus 18,10–14 :: Jeremia 38,1–13*

3. Mittwoch **HERR, sei mir gnädig! Heile mich; denn ich habe an dir gesündigt.** *Psalm 41,5*

**Es kamen einige zu Jesus, die brachten einen Gelähmten, von vieren getragen. Als Jesus ihren Glauben sah, sprach er zu dem Gelähmten: Mein Sohn, deine Sünden sind dir vergeben.** *Markus 2,3.5*

Ich glaube, dass Gott nie einen Menschen aufgibt und dass es darum auch im schlimmsten Fall gut mit ihm werden kann. Sabine Naegeli

*Apostelgeschichte 12,1–11 :: Jeremia 38,14–28*

4. Donnerstag **Der Herr war mit Josef, und was er tat, dazu gab der HERR Glück.** *1. Mose 39,23*

Paulus schreibt: **Ich habe gepflanzt, Apollos hat begossen; aber Gott hat das Gedeihen gegeben.**
*1. Korinther 3,6*

Sprich Ja zu meinen Taten, hilf selbst das Beste raten; den Anfang, Mitt und Ende, ach Herr, zum besten wende. 446,8 Paul Gerhardt

*Apostelgeschichte 27,16–25 :: Jeremia 39,1–18*

5. Freitag **Der Herr lässt sein Heil kundwerden; vor den Völkern macht er seine Gerechtigkeit offenbar.**

*Psalm 98,2*

**Es sei euch kundgetan, dass den Heiden dies Heil Gottes gesandt ist; und sie werden es hören.**

*Apostelgeschichte 28,28*

Heute rufst du uns, deine Gemeinde zu sein und füreinander zu sorgen. Du rufst uns, im Geist der Liebe zu leben und so mit unserem Leben deine bedingungslose Liebe zu bezeugen. Du hast uns gesegnet mit vielerlei Gaben und uns gesandt, Licht zu sein. Stärke uns, dass wir ohne Angst deine Wahrheit aussprechen, dass wir dich bezeugen in aller Klarheit und dass unser Leben voll Heiligkeit sei. Aus Indien

*Matthäus 26,51–54 :: Jeremia 40,1–16*

6. Samstag **Mit fröhlichem Schall verkündigt dies und lasst es hören, tragt's hinaus bis an die Enden der Erde und sprecht: Der Herr hat seinen Knecht Jakob erlöst.** *Jesaja 48,20*

**Es hat Gott wohlgefallen, dass in Christus Jesus alle Fülle wohnen sollte und er durch ihn alles mit sich versöhnte, es sei auf Erden oder im Himmel, indem er Frieden machte durch sein Blut am Kreuz.**

*Kolosser 1,19–20*

O dass doch meine Stimme schallte / bis dahin, wo die Sonne steht; o dass mein Blut mit Jauchzen wallte, solang es noch im Laufe geht; ach wär ein jeder Puls ein Dank / und jeder Odem ein Gesang! 330,2 Johann Mentzer

*Matthäus 14,22–33 :: Jeremia 41,1–18*

ZUM ERNTEDANKFEST

Aller Augen warten auf dich, HERR, und du gibst ihnen ihre Speise zur rechten Zeit. *Psalm 145,15*

*Wochenlied: 324 oder 502*

*Lukas 12,(13–14)15–21 oder Matthäus 6,25–34*

*2. Korinther 9,6–15 :: (Pr.) 1. Timotheus 4,4–5*

*Psalm 65*

7. Sonntag **Bei Gott steht die Kraft zu helfen und fallen zu lassen.** *2. Chronik 25,8*

**Ihr sagt: Heute oder morgen wollen wir in die oder die Stadt gehen und wollen ein Jahr dort zubringen und Handel treiben und Gewinn machen, und wisst nicht, was morgen sein wird.** *Jakobus 4,13–14*

Sieben neue Tage, Gott. Ich lege diese neue Woche in deine Hand – das Geplante und das Ungeplante, alles, worauf ich mich freue und alles, wovor mir bange ist. Ich bitte dich, Gott, beschütze mich auf meinen Wegen.

Eckhard Herrmann

8. Montag **Wenn du der Stimme des HERRN, deines Gottes, gehorchen wirst: Gesegnet wirst du sein bei deinem Eingang und gesegnet bei deinem Ausgang.** *5. Mose 28,1.6*

**Wer Ohren hat zu hören, der höre!** *Markus 4,9*

Der Herrscher, der die Welt regiert, wacht über Leib und Seel, dass dir kein Gutes fehl. Beim Ausgang und beim Eingang wird / der Herr dich selber leiten / bis in die Ewigkeiten. BG 874,4 Matthias Jorissen

*1. Thessalonicher 4,9–12 :: Jeremia 42,1–22*

9. Dienstag **Ich will dem Herrn singen, denn er hat eine herrliche Tat getan.** *2. Mose 15,1*

**Gott hat uns dazu vorherbestimmt, seine Kinder zu sein durch Jesus Christus nach dem Wohlgefallen seines Willens, zum Lob seiner herrlichen Gnade.**

*Epheser 1,5–6*

Sollt ich meinem Gott nicht singen? Sollt ich ihm nicht dankbar sein? Denn ich seh in allen Dingen, wie so gut er's mit mir mein'. Ist doch nichts als lauter Lieben, das sein treues Herze regt, das ohn Ende hebt und trägt, die in seinem Dienst sich üben. Alles Ding währt seine Zeit, Gottes Lieb in Ewigkeit. 325,1 Paul Gerhardt

*1. Timotheus 1,1–8(9–11) :: Jeremia 43,1–13*

10. Mittwoch **Du sollst das Recht deines Armen nicht beugen in seiner Sache.** *2. Mose 23,6*

**Was wahrhaftig ist, was ehrbar, was gerecht – darauf seid bedacht!** *Philipper 4,8*

Du gabst uns das Geschenk der Völker, Kulturen und Farben, um zu lieben, um füreinander zu sorgen, um das Leben miteinander zu teilen. Heute fragst du uns: Wer ist deine Schwester und dein Bruder?

Aus Kanada

*Hoheslied 8,4–7 :: Jeremia 44,1–23*

11. Donnerstag **Wasche dein Herz von der Bosheit, auf dass dir geholfen werde. Wie lange wollen bei dir bleiben deine heillosen Gedanken?**

*Jeremia 4,14*

**Wisst ihr nicht, dass ein wenig Sauerteig den ganzen Teig durchsäuert? Darum schafft den alten Sauerteig weg, damit ihr ein neuer Teig seid, wie ihr ja ungesäuert seid.** *1. Korinther 5,6–7*

Ein reines Herz, Herr, schaff in mir, schließ zu der Sünde Tor und Tür; vertreibe sie und lass nicht zu, dass sie in meinem Herzen ruh. Lass deines guten Geistes Licht / und dein hell glänzend Angesicht / erleuchten mein Herz und Gemüt, o Brunnen unerschöpfter Güt.
389,1.3 Heinrich Georg Neuss

*Apostelgeschichte 6,1–7 :: Jeremia 45,1–5*

12. Freitag **Ich bin der HERR, dein Gott, der deine rechte Hand fasst und zu dir spricht: Fürchte dich nicht, ich helfe dir!** *Jesaja 41,13*

**Jesus ergriff das Kind bei der Hand und sprach zu ihm: Talita kum! – das heißt übersetzt: Mädchen, ich sage dir, steh auf!** *Markus 5,41*

In deine Hände lege ich meine unruhigen Gedanken, meine wirren Gefühle, mein Leben. In deinen Schoß lege ich meinen müden Kopf, die Früchte meines Tuns, meine Sorgen. Unter deinen Mantel lege ich meinen schutzlosen Leib, meine verwundete Seele, meinen angefochtenen Geist. In deine Hände lege ich meine Freunde, meine Feinde, mein Leben.

*Lukas 23,32–34 :: Klagelieder 1,1–22*

13. Samstag **Ich will sie sammeln von den Enden der Erde, auch Blinde und Lahme, Schwangere und junge Mütter, dass sie als große Gemeinde wieder hierherkommen sollen.** *Jeremia 31,8*

Jesus erzählt im Gleichnis: **Der König sprach zu seinen Knechten: Geht hinaus auf die Straßen und ladet zur Hochzeit ein, wen ihr findet.** *Matthäus 22,9*

Du rufest auch noch heutzutage, dass jedermann erscheinen soll; man höret immer deine Klage, dass nicht dein Haus will werden voll. Deswegen schickst du auf die Straßen, zu laden alle, die man find't; du willst auch die berufen lassen, die blind und lahm und elend sind. 250,2 Friedrich Konrad Hiller

*Matthäus 5,17–24 :: Klagelieder 3,1–33*

---

19. SONNTAG NACH TRINITATIS

Heile du mich, HERR, so werde ich heil; hilf du mir, so ist mir geholfen. *Jeremia 17,14*

*Wochenlied: 320*

*Markus 2,1–12 :: Epheser 4,22–32*

*(Pr.) Jakobus 5,13–16 :: Psalm 137*

---

14. Sonntag **Besser wenig mit Gerechtigkeit als viel Einkommen mit Unrecht.** *Sprüche 16,8*

**Die Frömmigkeit ist eine Quelle großen Reichtums – wenn sie mit Genügsamkeit verbunden ist.**
*1. Timotheus 6,6*

Was sind dieses Lebens Güter? Eine Hand / voller Sand, Kummer der Gemüter. Dort, dort sind die edlen Gaben, da mein Hirt / Christus wird / mich ohn Ende laben.
370,10 Paul Gerhardt

15\. Montag **Er wird mich ans Licht bringen, dass ich seine Gnade schaue.** *Micha 7,9*

**Die Sünde wird nicht herrschen können über euch, weil ihr ja nicht unter dem Gesetz seid, sondern unter der Gnade.** *Römer 6,14*

Lob, Preis und Dank, Herr Jesu Christ, sei dir von mir gesungen, dass du mein Bruder worden bist / und hast die Welt bezwungen; hilf, dass ich deine Gütigkeit / stets preis in dieser Gnadenzeit / und mög hernach dort oben / in Ewigkeit dich loben. 33,3 Johann Rist

*Markus 10,46–52 :: Klagelieder 3,34–66*

16\. Dienstag **Ich bin bei dir, dass ich dir helfe und dich errette, spricht der Herr.** *Jeremia 15,20*

**Wo zwei oder drei versammelt sind in meinem Namen, da bin ich mitten unter ihnen.** *Matthäus 18,20*

Wir können gegen Gott kein größeres noch besseres Werk tun noch einen edleren Gottesdienst erzeigen, als ihm danken. Martin Luther

*Lukas 5,12–16 :: Klagelieder 5,1–22*

17\. Mittwoch **Herr, tu meine Lippen auf, dass mein Mund deinen Ruhm verkündige.** *Psalm 51,17*

**Lobt unsern Gott, alle seine Knechte und die ihn fürchten, Klein und Groß!** *Offenbarung 19,5*

Tu auf den Mund zum Lobe dein, bereit das Herz zur Andacht fein, den Glauben mehr, stärk den Verstand, dass uns dein Nam werd wohlbekannt.

155,2 Wilhelm II. von Sachsen-Weimar

*Prediger 12,1–7(8) :: 2. Korinther 1,1–11*

18. Donnerstag **Des HERRN Wort ist wahrhaftig, und was er zusagt, das hält er gewiss.** *Psalm 33,4*

**Durch den Glauben empfing Sara, die unfruchtbar war, Kraft, Nachkommen hervorzubringen trotz ihres Alters; denn sie hielt den für treu, der es verheißen hatte.** *Hebräer 11,11*

Darin liegt die Stärke des Glaubens, dass er uns zunehmend mit unserer eigenen Schwachheit versöhnt und uns die Kraft unseres Gottes und die Größe seiner Liebe überwältigend vor Augen stellt.

Hans-Joachim Eckstein

*Markus 6,7–13 :: 2. Korinther 1,12–24*

19. Freitag **Der Tag des HERRN kommt und ist nahe.** *Joel 2,1*

Christus spricht: **Wachet und betet, dass ihr nicht in Versuchung fallt! Der Geist ist willig; aber das Fleisch ist schwach.** *Markus 14,38*

Der Herr bricht ein um Mitternacht; jetzt ist noch alles still. O Elend, dass schier niemand wacht / und ihm begegnen will. Dein Teil und Heil ist schön und groß;

es steht in deiner Macht. Ergreif im Glauben du das Los, das Gott dir zugedacht.
BG 994,1.8 Johann Christoph Rube/Albert Knapp

*Matthäus 27,39–44 :: 2. Korinther 2,1–11*

20. Samstag **Es ist niemand heilig wie der HERR, außer dir ist keiner.** *1. Samuel 2,2*

**Einen andern Grund kann niemand legen als den, der gelegt ist, welcher ist Jesus Christus.**
*1. Korinther 3,11*

Such, wer da will, ein ander Ziel, die Seligkeit zu finden; mein Herz allein bedacht soll sein, auf Christus sich zu gründen. Sein Wort sind wahr, sein Werk sind klar, sein heilger Mund hat Kraft und Grund, all Feind zu überwinden. 346,1 Georg Weissel

*Apostelgeschichte 14,8–18 :: 2. Korinther 2,12–17*

---

## 20. SONNTAG NACH TRINITATIS

Es ist dir gesagt, Mensch, was gut ist und was der HERR von dir fordert, nämlich Gottes Wort halten und Liebe üben und demütig sein vor deinem Gott.
*Micha 6,8*

*Wochenlied: 295*
*Markus 10,2–9(10–16)*
*1. Thessalonicher 4,1–8 :: (Pr.) 1. Korinther 7,29–31*
*Psalm 142*

---

21. Sonntag **Mose trat in das Tor des Lagers und rief: Her zu mir, wer dem HERRN angehört!**
*2. Mose 32,26*

**Erforscht euch selbst, ob ihr im Glauben steht; prüft euch selbst!** *2. Korinther 13,5*

Prüfe dich, Gemeine, aus der weiten Welt erwählt: Bist du noch die Seine, noch vom ersten Geist beseelt, noch von ihm durchdrungen, der mit Todespein / sich sein Volk errungen, ihm ein Ruhm zu sein?
BG 501,1 Karl Bernhard Garve

22. Montag **Nicht hat euch der Herr angenommen und euch erwählt, weil ihr größer wäret als alle Völker – denn du bist das kleinste unter allen Völkern –, sondern weil er euch geliebt hat.** *5. Mose 7,7–8*

**Das Geringe vor der Welt und das Verachtete hat Gott erwählt, das, was nichts ist, damit er zunichte mache, was etwas ist.** *1. Korinther 1,28*

Herr, unser Gott, du hast dir dein Volk gewählt und du wählst noch heute Menschen aus, die dazukommen. Wir danken dir, dazugehören zu dürfen. Wir bitten dich, hilf uns, deiner Liebe mit unserer Art zu leben gerecht zu werden. *

*2. Mose 23,10–16 :: 2. Korinther 3,1–11*

23. Dienstag **Der Herr sprach zu Mose: Du sollst alles reden, was ich dir gebieten werde.** *2. Mose 7,1.2*

**Denn nicht ihr seid es, die da reden, sondern eures Vaters Geist ist es, der durch euch redet.** *Matthäus 10,20*

Gott, du weißt, dass ich mich fürchte, und du weißt auch, dass ich nicht Opfer meiner Furcht werden will. Ich bitte dich um Gelassenheit, um Mut, um Klarheit, um Deutlichkeit. Ich will aufrecht über diese Schwelle gehen. Stärke mich, halte mich.

*2. Mose 18,13–27 :: 2. Korinther 3,12–18*

24. Mittwoch **Ich will das Verlorene wieder suchen und das Verirrte zurückbringen.** *Hesekiel 34,16*

Christus spricht: **Das ist der Wille dessen, der mich gesandt hat, dass ich nichts verliere von allem, was er mir gegeben hat, sondern dass ich's auferwecke am Jüngsten Tage.** *Johannes 6,39*

Wir sollen nicht verloren werden, Gott will, uns soll geholfen sein; deswegen kam der Sohn auf Erden / und nahm hernach den Himmel ein, deswegen klopft er für und für / so stark an unsers Herzens Tür.

354,3 Johann Andreas Rothe

*1. Mose 24,54b–67 :: 2. Korinther 4,1–6*

25. Donnerstag **Die Israeliten werden sich bekehren und den HERRN, ihren Gott, suchen und werden mit Zittern zu dem HERRN und seiner Gnade kommen in letzter Zeit.** *Hosea 3,5*

Paulus schreibt: **Ich bin darin guter Zuversicht, dass der in euch angefangen hat das gute Werk, der wird's auch vollenden bis an den Tag Christi Jesu.**

*Philipper 1,6*

Ich glaube, dass ich niemals so weit von Gott weglaufen kann, dass es nicht einen Rückweg gäbe. Ich glaube, dass Gott für mich das Leben will und nicht den Tod, die Freude und nicht die Traurigkeit, und dass er bei mir ist heute und in alle Ewigkeit. Heidi Carl

*2. Mose 19,3–9 :: 2. Korinther 4,7–12*

26. Freitag **Er wird mit Gerechtigkeit richten die Armen und rechtes Urteil sprechen den Elenden im Lande.** *Jesaja 11,4*

**Es ist erschienen die heilsame Gnade Gottes allen Menschen.** *Titus 2,11*

Jesus ist kommen, der König der Ehren; Himmel und Erde, rühmt seine Gewalt! Dieser Beherrscher kann Herzen bekehren; öffnet ihm Tore und Türen fein bald! Denkt doch, er will euch die Krone gewähren. Jesus ist kommen, der König der Ehren.
66,5 Johann Ludwig Konrad Allendorf

*Johannes 18,28–32 :: 2. Korinther 4,13–18*

27. Samstag **Alle, die dich verlassen, müssen zuschanden werden; denn sie verlassen den HERRN, die Quelle des lebendigen Wassers.** *Jeremia 17,13*

**Seht zu, dass keiner unter euch ein böses, ungläubiges Herz habe, das abfällt von dem lebendigen Gott.** *Hebräer 3,12*

O Heiliger Geist, o heiliger Gott, mehr' unsern Glauben immerfort; an Christus niemand glauben kann, es sei denn durch dein Hilf getan. O Heiliger Geist, o heiliger Gott! 131,3 Johannes Niedling

*Prediger 12,9–14 :: 2. Korinther 5,1–10*

---

21. SONNTAG NACH TRINITATIS

Lass dich nicht vom Bösen überwinden, sondern überwinde das Böse mit Gutem. *Römer 12,21*

*Wochenlied: 273 oder 377*
*Matthäus 5,38–48 :: Epheser 6,10–17*
*(Pr.) Jeremia 29,1.4–7.10–14 :: Psalm 96*

---

28. Sonntag **Wenn er spricht, so geschieht's; wenn er gebietet, so steht's da.** *Psalm 33,9*

**Jesus sprach zu dem Tauben: Hefata!, das heißt: Tu dich auf! Und sogleich taten sich seine Ohren auf und die Fessel seiner Zunge löste sich, und er redete richtig.** *Markus 7,34–35*

Herr Jesus Christus, ich möchte mitten im Alltag meiner Welt dankbar und freudig von dem sprechen, was du für mich getan hast. Lege mir die richtigen Worte in den Mund. *

29. Montag **Bis hierher hat uns der Herr geholfen.** *1. Samuel 7,12*

**Der Herr stand mir bei und stärkte mich, damit durch mich die Botschaft ausgebreitet würde.** *2. Timotheus 4,17*

Ich rief zum Herrn in meiner Not: »Ach Gott, vernimm mein Schreien!« Da half mein Helfer mir vom Tod / und ließ mir Trost gedeihen. Drum dank, ach Gott, drum dank ich dir; ach danket, danket Gott mit mir! Gebt unserm Gott die Ehre!

326,4 Johann Jakob Schütz

*Römer 12,17–21 :: 2. Korinther 5,11–15*

30. Dienstag **Siehe, der HERR lässt es hören bis an die Enden der Erde: Sagt der Tochter Zion: Siehe, dein Heil kommt!** *Jesaja 62,11*

**Christus ist zwar zuvor ausersehen, ehe der Welt Grund gelegt wurde, aber offenbart am Ende der Zeiten um euretwillen.** *1. Petrus 1,20*

Ich sage dir Dank für alle deine Liebe, die du mir durch deinen Sohn im Heiligen Geist geschenkt hast. Wenn deine Liebe mich berührt, jubelt mein Herz, und ich möchte dein Kommen hinausrufen in alle Welt.

Peter Dyckhoff

*1. Samuel 26,5–9.12–14.17–24 :: 2. Korinther 5,16–21*

---

REFORMATIONSTAG

Einen andern Grund kann niemand legen als den, der gelegt ist, welcher ist Jesus Christus.

*1. Korinther 3,11*

*Lied: 341 oder 351*
*Matthäus 5,2–10(11–12) :: Römer 3,21–28*
*(Pr.) Galater 5,1–6 :: 2. Korinther 6,1–10*

---

31. Mittwoch **Wie ein Adler ausführt seine Jungen und über ihnen schwebt, breitete der HERR seine Fittiche aus und nahm sein Volk und trug es auf seinen Flügeln.** *5. Mose 32,11*

**Ihr werdet durch Gottes Macht durch den Glauben bewahrt zur Seligkeit, die bereit ist, dass sie offenbar werde zu der letzten Zeit.** *1. Petrus 1,5*

Lobe den Herren, der alles so herrlich regieret, der dich auf Adelers Fittichen sicher geführet, der dich erhält, wie es dir selber gefällt; hast du nicht dieses verspüret? 317,2 Joachim Neander

# NOVEMBER

*Monatsspruch:* Wir sind der Tempel des lebendigen Gottes. *2. Korinther 6,16*

1. Donnerstag **Hass weckt Streit, Liebe deckt alle Vergehen zu.** *Sprüche 10,12*

**Wenn ich mit Menschen- und mit Engelzungen redete und hätte die Liebe nicht, so wäre ich ein tönendes Erz oder eine klingende Schelle.**

*1. Korinther 13,1*

Du bist ein Geist der Liebe, ein Freund der Freundlichkeit, willst nicht, dass uns betrübe / Zorn, Zank, Hass, Neid und Streit. Der Feindschaft bist du feind, willst, dass durch Liebesflammen / sich wieder tun zusammen, die voller Zwietracht seind.

133,7 Paul Gerhardt

*Jesaja 32,1–8 :: 2. Korinther 6,11–7,1*

2. Freitag **Es ist ein köstlich Ding, geduldig sein und auf die Hilfe des HERRN hoffen.** *Klagelieder 3,26*

**Seid standhaft und ihr werdet euer Leben gewinnen.** *Lukas 21,19*

Wenn ich mich heute umwende, um zurück zu schauen, so sehe ich, wie ich durch meine traurigen Jahre, meine geduldigen Finsternisse, bis zum Ende immer, o mein Gott, von deinen Händen wie eine Gelähmte getragen wurde auf göttlicher Straße. Marie Noël

*Lukas 22,49–53 :: 2. Korinther 7,2–16*

3. Samstag **Ich bin der HERR, dein Gott, der Heilige Israels, dein Heiland.** *Jesaja 43,3*

**Wachset in der Gnade und Erkenntnis unseres Herrn und Heilands Jesus Christus.** *2. Petrus 3,18*

Gib in unser Herz und Sinnen / Weisheit, Rat, Verstand und Zucht, dass wir anders nichts beginnen / als nur, was dein Wille sucht; dein Erkenntnis werde groß / und mach uns von Irrtum los. 134,2 Heinrich Held

*2. Timotheus 2,1–5(6) :: 2. Korinther 8,1–9*

---

22. SONNTAG NACH TRINITATIS

Bei dir ist die Vergebung, dass man dich fürchte. *Psalm 130,4*

*Wochenlied: 404*
*Matthäus 18,21–35 :: Philipper 1,3–11*
*(Pr.) Römer 7,14–25a :: Psalm 143*

---

4. Sonntag **Was ist der Mensch, dass du seiner gedenkst, und des Menschen Kind, dass du dich seiner annimmst?** *Psalm 8,5*

**Gott erweist seine Liebe zu uns darin, dass Christus für uns gestorben ist, als wir noch Sünder waren.** *Römer 5,8*

Heiland der Welt, wir preisen dich für das, was du für uns getan hast. Du hast uns gezeigt, wer wir sind und wie wir leben können in der Welt. Ermutige uns auch heute, aus der Kraft deiner Liebe zu leben. *

5. Montag **Der Übeltäter lasse von seinen Gedanken und bekehre sich zum Herrn, denn bei ihm ist viel Vergebung.** *Jesaja 55,7*

Christus spricht: **Es wird Freude im Himmel sein über einen Sünder, der Buße tut, mehr als über neunundneunzig Gerechte, die der Buße nicht bedürfen.** *Lukas 15,7*

Ja, mein Jesus, lass mich nie vergessen / meine Schuld und deine Huld. Als ich in der Finsternis gesessen, trugest du mit mir Geduld. Wie ein Hirt nach seinem Schaf schon trachtet, längst bevor es seinen Ruf beachtet, hast du schon vor meiner Zeit / mir den Weg zu Gott befreit. BG 273,3 Albert Knapp/Detlev Block

*Hosea 12,1–7 :: 2. Korinther 8,10–24*

6. Dienstag **Gott, wir haben mit unsern Ohren gehört, unsre Väter haben's uns erzählt, was du getan hast zu ihren Zeiten, in alten Tagen.** *Psalm 44,2*

**Jesus Christus liebt ihr, obwohl ihr ihn nicht gesehen habt. So erreicht ihr das Ziel eures Glaubens: das Heil eurer Seele. Nach diesem Heil haben die Propheten, die von der Gnade, die euch zuteil werden sollte, kündeten, gesucht und geforscht.**
*1. Petrus 1,8.9–10*

Nun darfst du in ihm leben / und bist nie mehr allein, darfst in ihm atmen, weben / und immer bei ihm sein. Den keiner je gesehen / noch künftig sehen kann, will dir zur Seite gehen / und führt dich himmelan.
379,5 Jochen Klepper

*Jeremia 19,1–4.10–13 :: 2. Korinther 9,1–9*

7. Mittwoch **Der Bogen der Starken ist zerbrochen, und die Schwachen sind umgürtet mit Stärke.**

*1. Samuel 2,4*

Paulus schreibt: **Ich will mich rühmen meiner Schwachheit, damit die Kraft Christi bei mir wohne.**

*2. Korinther 12,9*

Gott des Friedens, wir bitten dich: Banne den Geist der Zwietracht und der Unversöhnlichkeit, den Geist der Rechthaberei und der Herrschsucht. Lass uns lernen zu hören – auf dich und aufeinander. Erleuchte uns, dass wir deinen Willen erkennen, und gib uns Mut, ihn zu tun. Karl-Heinz Ronecker

*Matthäus 7,1–5(6) :: 2. Korinther 9,10–15*

8. Donnerstag **Ihr sagt: »Der Herr handelt nicht recht.« So höret nun, ihr vom Hause Israel: Handle denn ich unrecht? Ist's nicht vielmehr so, dass ihr unrecht handelt?** *Hesekiel 18,25*

**Demütigt euch unter die gewaltige Hand Gottes, damit er euch erhöhe zu seiner Zeit.** *1. Petrus 5,6*

Ein Herz, das Demut liebet, bei Gott am höchsten steht; ein Herz, das Hochmut übet, mit Angst zugrunde geht; ein Herz, das richtig ist / und folget Gottes Leiten, das kann sich recht bereiten, zu dem kommt Jesus Christ.
10,3 Valentin Thilo

*Offenbarung 3,14–22 :: 2. Korinther 10,1–11*

9. Freitag **In deine Hände befehle ich meinen Geist; du hast mich erlöst, HERR, du treuer Gott.** *Psalm 31,6*

**Alles ist euer, ihr aber seid Christi, Christus aber ist Gottes.** *1. Korinther 3,22–23*

Herr, auf ewig mir gewähre, dass ich ganz dir angehöre; dass kein anderer die Rechte, die du auf mich hast, anfechte; dass ich dich voll Hoffnung fasse, nie von dir mich trennen lasse. Du bist Burg und Zufluchtsstätte, sichrer Hafen, Ankerkette.
BG 647,2–3 Johann Amos Comenius/Theodor Gill

*Matthäus 26,20–25 :: 2. Korinther 10,12–18*

10. Samstag **Man singt mit Freuden vom Sieg in den Hütten der Gerechten: Die Rechte des HERRN ist erhöht; die Rechte des HERRN behält den Sieg!** *Psalm 118,15.16*

**Gott sei gedankt, der uns allezeit Sieg gibt in Christus!** *2. Korinther 2,14*

Jesus, unser Trost und Leben, der dem Tode war ergeben, der hat herrlich und mit Macht / Sieg und Leben wiederbracht: Er ist aus des Todes Banden / als ein Siegsfürst auferstanden. Halleluja. Ernst Christoph Homburg

*Jesaja 1,18–27 :: 2. Korinther 11,1–6*

Beginn der Ökumenischen Friedensdekade

---

DRITTLETZTER SONNTAG DES KIRCHENJAHRES

Siehe, jetzt ist die Zeit der Gnade, siehe, jetzt ist der Tag des Heils. *2. Korinther 6,2*

*Wochenlied: 152 oder 518*
*Lukas 17,20–24(25–30) :: Römer 14,7–9*
*(Pr.) Hiob 14,1–6 :: Psalm 90*

---

11. Sonntag **Ich will ihnen ein Herz geben, dass sie mich erkennen sollen, dass ich der HERR bin.**

*Jeremia 24,7*

**Gott hat uns zusammen mit euch auf diesen festen Grund gestellt: auf Christus. Er hat uns gesalbt und uns sein Siegel aufgedrückt. Er hat seinen Geist in unser Herz gegeben als Anzahlung auf das ewige Leben, das er uns schenken will.** *2. Korinther 1,21–22*

Wir bitten, dass Christus in unseren Herzen wohne, dass wir Christi Liebe erfahren, die alles Wissen dieser Welt übersteigt, dass wir zur Fülle Gottes gelangen.

12. Montag **Ein Mensch sieht, was vor Augen ist; der HERR aber sieht das Herz an.** *1. Samuel 16,7*

**Wie der, der euch berufen hat, heilig ist, sollt auch ihr heilig sein in eurem ganzen Wandel.**

*1. Petrus 1,15*

Lass mich, o Herr, in allen Dingen / auf deinen Willen sehn und dir mich weihn; gib selbst das Wollen und Vollbringen / und lass mein Herz dir ganz geheiligt sein. Nimm meinen Leib und Geist zum Opfer hin; dein, Herr, ist alles, was ich hab und bin.

414,1 Georg Joachim Zollikofer

*Markus 4,1–9(10–12) :: 2. Korinther 11,7–15*

13. Dienstag **So viel der Himmel höher ist als die Erde, so sind auch meine Wege höher als eure Wege und meine Gedanken als eure Gedanken.**

*Jesaja 55,9*

**Jetzt erkenne ich stückweise; dann aber werde ich erkennen, wie ich erkannt bin.** *1. Korinther 13,12*

So hilf uns, Herr, zum Glauben / und halt uns fest dabei; lass nichts die Hoffnung rauben; die Liebe herzlich sei! Und wird der Tag erscheinen, da dich die Welt wird sehn, so lass uns als die Deinen / zu deiner Rechten stehn. 358,6 Philipp Spitta

*Markus 13,9–20 :: 2. Korinther 11,16–33*

13. November 1741: Alle Brüdergemeinen ehren Jesus Christus als Haupt und Ältesten seiner Gemeinde

14. Mittwoch **Meine Zunge soll reden von deiner Gerechtigkeit und dich täglich preisen.** *Psalm 35,28*

**Wenn jemand meint, er diene Gott, und hält seine Zunge nicht im Zaum, sondern betrügt sein Herz, so ist sein Gottesdienst nichtig.** *Jakobus 1,26*

Herr, ich danke dir, dass du da bist. Du führst meine Hand. Du lenkst meine Schritte. Du tust meinen Mund auf. Du bist mein Schutz und meine Kraft. Weil du wirkst, kann ich wirken.

*Hebräer 13,1–9b :: 2. Korinther 12,1–10*

15. Donnerstag **Du tust mir kund den Weg zum Leben.** *Psalm 16,11*

**Simon Petrus sprach: Herr, wohin sollen wir gehen? Du hast Worte des ewigen Lebens; und wir haben geglaubt und erkannt: Du bist der Heilige Gottes.** *Johannes 6,68–69*

Gott, erbarme dich, wenn in mir für dich kein Platz ist. Komm, Gott, für einen Augenblick und schenk mir ein Wort, das mich öffnet und weiter führt. Herr, erbarme dich. Günter Ruddat

*1. Johannes 2,18–26(27–29) :: 2. Korinther 12,11–18*

16. Freitag **Ich verkünde die Zeichen und Wunder, die Gott der Höchste an mir getan hat.** *Daniel 3,32*

Der Geheilte sprach: **Der Mensch, der Jesus heißt, machte einen Brei und strich ihn auf meine Augen und sprach: Geh zum Teich Siloah und wasche dich! Ich ging hin und wusch mich und wurde sehend.** *Johannes 9,11*

Sei Lob und Ehr dem höchsten Gut, dem Vater aller Güte, dem Gott, der alle Wunder tut, dem Gott, der mein Gemüte / mit seinem reichen Trost erfüllt, dem Gott, der allen Jammer stillt. Gebt unserm Gott die Ehre! 326,1 Johann Jakob Schütz

*Matthäus 26,36–41 :: 2. Korinther 12,19–21*

17. Samstag **Gott, du kennst meine Torheit, und meine Schuld ist dir nicht verborgen.** *Psalm 69,6*

**Gott hat den Schuldbrief getilgt, der mit seinen Forderungen gegen uns war, und hat ihn weggetan und an das Kreuz geheftet.** *Kolosser 2,14*

Gelobt sei Gott im höchsten Thron / samt seinem eingebornen Sohn, der für uns hat genug getan. Halleluja.

O mache unser Herz bereit, damit von Sünden wir befreit / dir mögen singen allezeit: Halleluja.

103,1.6 Michael Weiße

*Markus 13,30–37 :: 2. Korinther 13,1–13*

---

VORLETZTER SONNTAG DES KIRCHENJAHRES

Wir müssen alle offenbar werden vor dem Richterstuhl Christi. *2. Korinther 5,10*

*Wochenlied: 149*

*Matthäus 25,31–46 :: Römer 8,18–23(24–25)*

*(Pr.) Offenbarung 2,8–11 :: Psalm 51*

---

18. Sonntag **Wir, dein Volk, die Schafe deiner Weide, danken dir ewiglich und verkünden deinen Ruhm für und für.** *Psalm 79,13*

**Alles, was Gott geschaffen hat, ist gut, und nichts ist verwerflich, was mit Danksagung empfangen wird.**

*1. Timotheus 4,4*

Was unser Gott geschaffen hat, das will er auch erhalten, darüber will er früh und spat / mit seiner Güte walten. In seinem ganzen Königreich / ist alles recht, ist alles gleich. Gebt unserm Gott die Ehre!

326,3 Johann Jakob Schütz

19. Montag **Dir, HERR, ist niemand gleich; du bist groß, und dein Name ist groß, wie du es mit der Tat beweist.** *Jeremia 10,6*

**Alle Zungen sollen bekennen, dass Jesus Christus der Herr ist, zur Ehre Gottes, des Vaters.**

*Philipper 2,11*

Lieber Vater, nimm das Leben dieses Tages in deine Hände. Nimm meine Augen und lass sie unverrückt auf dich gerichtet sein. Nimm meine Zunge und mache sie beredt, von dir und deiner Liebe Zeugnis abzulegen.

*Matthäus 7,21–27(28.29) :: Philemon 1–25*

20. Dienstag **Tu, was dir vor die Hände kommt; denn Gott ist mit dir.** *1. Samuel 10,7*

**Niemand suche das Seine, sondern was dem andern dient.** *1. Korinther 10,24*

Wenn in meinem Sinn / ich im Zweifel bin: Soll ich reden oder schweigen, kämpfen oder still mich beugen? Sage du mir dann: Man soll, was man kann.
BG 910,2 Nikolaus Ludwig von Zinzendorf

*Hebräer 10,26–31 :: 2. Petrus 1,1–11*

---

BUSS- UND BETTAG

Gerechtigkeit erhöht ein Volk; aber die Sünde ist der Leute Verderben. *Sprüche 14,34*

*Lied: 144 oder 146*
*Lukas 13,(1–5)6–9 :: Römer 2,1–11*
*(Pr.) Offenbarung 3,14–22 :: 2. Petrus 1,12–21*

---

21. Mittwoch **Wohl dem, dessen Hilfe der Gott Jakobs ist, der seine Hoffnung setzt auf den Herrn.** *Psalm 146,5*

**Dafür arbeiten und kämpfen wir, weil wir unsre Hoffnung auf den lebendigen Gott gesetzt haben, welcher ist der Heiland aller Menschen.** *1. Timotheus 4,10*

Heiland der Welt, wir danken für deine Gnade, die uns Hoffnung macht für ein frohes und zuversichtliches Leben. Wir wissen, deine Gabe ist Aufgabe für uns. Wir bitten dich um Stärkung für alle Tage, die kommen, damit wir das tun, was du möchtest. *

22. Donnerstag **Lass mich deine Herrlichkeit sehen!** *2. Mose 33,18*

**Jesus offenbarte seine Herrlichkeit. Und seine Jünger glaubten an ihn.** *Johannes 2,11*

Großer König, du bist der König aller Könige und herrschst in Ewigkeit. Du wirst wiederkommen und dein Reich auf Erden aufrichten. Dann werden sich alle Knie vor dir beugen und alle Lippen dich bekennen müssen, dass du der Herr bist. Ich rühme und preise dich um deiner Herrlichkeit willen. Marie Hüsing

*2. Thessalonicher 1,3–12 :: 2. Petrus 2,1–22*

23. Freitag **Gott sprach: Meinen Bogen habe ich in die Wolken gesetzt; der soll das Zeichen sein des Bundes zwischen mir und der Erde.** *1. Mose 9,13*

**Jesus nahm den Kelch, dankte und gab ihn den Jüngern; und sie tranken alle daraus. Und er sprach zu ihnen: Das ist mein Blut des Bundes, das für viele vergossen wird.** *Markus 14,23–24*

Kommt, ach kommt, ihr Gnadenkinder, und erneuert euren Bund, schwöret unserm Überwinder / Lieb und

Treu aus Herzensgrund; und wenn eurer Liebeskette / Festigkeit und Stärke fehlt, o so flehet um die Wette, bis sie Jesus wieder stählt.
251,2 Nikolaus Ludwig von Zinzendorf

*Matthäus 26,59–66 :: 2. Petrus 3,1–9*

24. Samstag **Mein Gott, des Tages rufe ich, doch antwortest du nicht, und des Nachts, doch finde ich keine Ruhe.** *Psalm 22,3*

**Sorgt euch um nichts, sondern in allen Dingen lasst eure Bitten in Gebet und Flehen mit Danksagung vor Gott kundwerden!** *Philipper 4,6*

Zu dir flieh ich; verstoß mich nicht, wie ich's wohl hab verdienet. Ach Gott, zürn nicht, geh nicht ins G'richt, dein Sohn hat mich versühnet.
233,3 Martin Rutilius

*Offenbarung 20,11–15 :: 2. Petrus 3,10–18*

---

LETZTER SONNTAG DES KIRCHENJAHRES

(Ewigkeitssonntag)

Lasst eure Lenden umgürtet sein und eure Lichter brennen. *Lukas 12,35*

*Wochenlied: 147*

*Matthäus 25,1–13 :: Offenbarung 21,1–7*

*(Pr.) Jesaja 65,17–19(20–22)23–25 :: Jesaja 26,7–19*

---

25. Sonntag **Singet dem HERRN ein neues Lied, denn er tut Wunder.** *Psalm 98,1*

**Ermuntert einander mit Psalmen und Lobgesängen und geistlichen Liedern, singt und spielt dem Herrn in eurem Herzen.** *Epheser 5,19*

Das Gesangbuch ist eine Art Antwort auf die Bibel, ein Echo und eine Fortsetzung. Aus der Bibel sieht man, wie Gott mit den Menschen redet, und aus dem Gesangbuch, wie die Menschen mit Gott reden.

Nikolaus Ludwig von Zinzendorf

26. Montag **Den Herrn fürchten heißt das Böse hassen.** *Sprüche 8,13*

**Gott hat uns nicht zur Unlauterkeit berufen, sondern zu einem Leben in Heiligung. Darum: Wer solches missachtet, der missachtet nicht einen Menschen, sondern Gott, der doch seinen heiligen Geist in euch hineinlegt.** *1. Thessalonicher 4,7–8*

Die Macht des Bösen banne weit, schenk deinen Frieden allezeit. Erhalte uns auf rechter Bahn, dass Unheil uns nicht schaden kann.

Friedrich Dörr nach einem alten Hymnus

*5. Mose 34,1–7(8) :: Jesaja 56,1–8*

27. Dienstag **So habt nun Acht, dass ihr tut, wie euch der Herr, euer Gott, geboten hat, und weicht nicht, weder zur Rechten noch zur Linken.**

*5. Mose 5,32*

Christus spricht: **Das höchste Gebot ist das: »Höre, Israel, der Herr, unser Gott, ist der Herr allein, und du sollst den Herrn, deinen Gott, lieben von ganzem**

**Herzen, von ganzer Seele, von ganzem Gemüt und von allen deinen Kräften.« Das andre ist dies: »Du sollst deinen Nächsten lieben wie dich selbst.« Es ist kein anderes Gebot größer als diese.**

*Markus 12,29–31*

Treib unsern Willen, dein Wort zu erfüllen; hilf uns gehorsam wirken deine Werke; und wo wir schwach sind, da gib du uns Stärke. Lobet den Herren!

447,8 Paul Gerhardt

*1. Petrus 1,13–21 :: Jesaja 56,9–57,13*

28. Mittwoch **In eurer Zeit rede ich ein Wort und tue es auch, spricht Gott der Herr.** *Hesekiel 12,25*

**Jesus spricht zu Marta: Habe ich dir nicht gesagt: Wenn du glaubst, wirst du die Herrlichkeit Gottes sehen?** *Johannes 11,40*

Herr Jesus Christus, manchmal warte ich vergeblich auf ein Zeichen von dir und verstehe erst später, wie du wunderbar geholfen hast. Ich möchte dir gerne mehr vertrauen, hilf meinem Unglauben. *

*1. Korinther 3,9–15 :: Jesaja 57,14–21*

29. Donnerstag **Du hast mich vom Tode errettet, meine Füße vom Gleiten, dass ich wandeln kann vor Gott im Licht der Lebendigen.** *Psalm 56,14*

**Gott ist treu, der euch nicht versuchen lässt über eure Kraft, sondern macht, dass die Versuchung so ein Ende nimmt, dass ihr's ertragen könnt.**

*1. Korinther 10,13*

Vater im Himmel, du hast mir viel Gutes erwiesen, lass mich nun auch das Schwere aus deiner Hand hinnehmen. Du wirst mir nicht mehr auflegen, als ich tragen kann. Herr, was dieser Tag auch bringt, dein Name sei gelobt. Dietrich Bonhoeffer

*Kolosser 4,2–6 :: Jesaja 58,1–14*

30. Freitag **Ich will dem HERRN singen mein Leben lang und meinen Gott loben, solange ich bin.**

*Psalm 104,33*

**Der Herr wird mich erlösen von allem Übel und mich retten in sein himmlisches Reich. Ihm sei Ehre von Ewigkeit zu Ewigkeit!** *2. Timotheus 4,18*

Dir, dir, o Höchster, will ich singen, denn wo ist doch ein solcher Gott wie du? Dir will ich meine Lieder bringen; ach gib mir deines Geistes Kraft dazu, dass ich es tu im Namen Jesu Christ, so wie es dir durch ihn gefällig ist. 328,1 Bartholomäus Crasselius

*Matthäus 27,50–54 :: Jesaja 59,1–15a*

# DEZEMBER

*Monatsspruch:* Mache dich auf, werde licht; denn dein Licht kommt, und die Herrlichkeit des Herrn geht auf über dir! *Jesaja 60,1*

1. Samstag **Jonathan ging hin zu David und stärkte sein Vertrauen auf Gott.** *1. Samuel 23,16*

**Ermahnt euch untereinander und einer erbaue den andern.** *1. Thessalonicher 5,11*

Ich darf nicht die Tür sein, durch die der Nächste geht, darf ihn nicht zu mir rufen, ihn verpflichten, meine Wege zu gehen, meine Zugänge zu den seinen zu machen, von meinen Schlüsseln abhängig zu sein. Wenn meine Tür Christus ist, kommt es darauf an, einem jeden zu helfen, dass er den Weg zum Vater findet.

Nach Helder Camara

*Offenbarung 21,10–14.21–27 :: Jesaja 59,15b–21*

---

1. SONNTAG IM ADVENT

Siehe, dein König kommt zu dir, ein Gerechter und ein Helfer. *Sacharja 9,9*

*Wochenlied: 4 oder 16*

*Matthäus 21,1–9 :: Römer 13,8–12(13.14)*

*(Pr.) Lukas 1,67–79 :: Psalm 24*

---

2. Sonntag **Erkennet, dass der Herr Gott ist!** *Psalm 100,3*

**Die vorangingen und die nachfolgten, schrien: Hosianna! Gelobt sei, der da kommt in dem Namen des Herrn!** *Markus 11,9*

Er ist gerecht, ein Helfer wert; Sanftmütigkeit ist sein Gefährt, sein Königskron ist Heiligkeit, sein Zepter ist Barmherzigkeit; all unsre Not zum End er bringt, derhalben jauchzt, mit Freuden singt: Gelobet sei mein Gott, mein Heiland groß von Tat. 1,2 Georg Weissel

3. Montag **Du bist der Gott, der mir hilft; täglich harre ich auf dich.** *Psalm 25,5*

Christus spricht: **Bittet, so wird euch gegeben; suchet, so werdet ihr finden; klopfet an, so wird euch aufgetan.** *Lukas 11,9*

Die Treue Jesu hört nie auf; davon ist unser Lebenslauf, der ihm nicht immer war zum Preis, ein augenscheinlicher Beweis. Er nimmt sich mein' so herzlich an, dass ich's ihm nie g'nug danken kann; er hört mein Flehn und tut noch mehr, als ich versteh, bitt und begehr.
BG 882,1–2 Christian Gregor

*1. Petrus 1,(8.9)10–13 :: Jesaja 60,1–14*

4. Dienstag **Wenn du auf das Wort des Herrn, deines Gottes, hörst: Gesegnet bist du in der Stadt und gesegnet auf dem Felde.** *5. Mose 28,2–3*

**Jesus sprach: Selig sind, die das Wort Gottes hören und bewahren.** *Lukas 11,28*

Herr, dein Wort, die edle Gabe, diesen Schatz erhalte mir; denn ich zieh es aller Habe / und dem größten Reichtum für. Wenn dein Wort nicht mehr soll gelten, worauf soll der Glaube ruhn? Mir ist's nicht um tausend Welten, aber um dein Wort zu tun.
198,1 Nikolaus Ludwig von Zinzendorf

*Hebräer 10,32–39 :: Jesaja 60,15–22*

5. Mittwoch **Der Herr wird meine Sache hinausführen.** *Psalm 138,8*

**Wer will die Auserwählten Gottes beschuldigen? Gott ist hier, der gerecht macht.** *Römer 8,33*

Ich weiß, Herr, dass ich mich täuschen kann, auch da, wo ich mich von dir geführt glaube, aber ich will den Irrtum nicht fürchten, will nicht ängstlich stehen bleiben, denn du begleitest und segnest meinen Weg, wenn ich dich darum bitte. Sabine Naegeli

*Kolosser 1,9–14 :: Jesaja 61,1–11*

6. Donnerstag **Der Gerechten Pfad glänzt wie das Licht am Morgen, das immer heller leuchtet bis zum vollen Tag.** *Sprüche 4,18*

**Wir sind nicht von der Nacht noch von der Finsternis. So lasst uns nun nicht schlafen wie die andern, sondern lasst uns wachen und nüchtern sein.**
*1. Thessalonicher 5,5–6*

Dieses Licht lässt uns nicht wanken / in der rechten Glaubensbahn. Ewig, Herr, will ich dir danken, dass du hast so wohl getan / und uns diesen Schatz geschenkt, der zu deinem Reich uns lenkt. BG 221,6 Johann Rist

*1. Thessalonicher 5,(1–3)4–8 :: Jesaja 62,1–12*

7. Freitag **Der HERR ist gut und gerecht; darum weist er Sündern den Weg.** *Psalm 25,8*

**Durch Jesus wird euch die Vergebung der Sünden verkündigt.** *Apostelgeschichte 13,38*

Er nimmt auf sich, was auf Erden / wir getan, gibt sich dran, unser Lamm zu werden, unser Lamm, das für uns stirbet / und bei Gott / für den Tod / Gnad und Fried erwirbet. 36,4 Paul Gerhardt

*Matthäus 27,27–30 :: Jesaja 63,1–6*

8. Samstag **Er ist ein Schild allen, die ihm vertrauen.** *Psalm 18,31*

**Jesus sprach zu seinen Jüngern: Sorgt nicht um euer Leben, was ihr essen sollt, auch nicht um euren Leib, was ihr anziehen sollt. Denn das Leben ist mehr als die Nahrung und der Leib mehr als die Kleidung.** *Lukas 12,22.23*

Sollt ich mich bemühn um Sachen, die nur Sorg und Unruh machen / und ganz unbeständig sind? Nein, ich will nach Gütern ringen, die mir wahre Ruhe bringen, die man in der Welt nicht find't.
352,3 Nürnberg 1676

*Matthäus 23,37–39 :: Jesaja 63,7–16*

## 2. SONNTAG IM ADVENT

Seht auf und erhebt eure Häupter, weil sich eure Erlösung naht. *Lukas 21,28*

*Wochenlied: 6*

*Lukas 21,25–33 :: Jakobus 5,7–8 :: (Pr.) Jesaja 35,3–10*

*Psalm 68,1–19*

---

9. Sonntag **Der Herr tötet und macht lebendig, führt hinab zu den Toten und wieder herauf.**

*1. Samuel 2,6*

**Die Himmelskräfte werden erschüttert werden. Und dann werden sie den Menschensohn kommen sehen auf einer Wolke mit großer Macht und Herrlichkeit. Wenn aber das zu geschehen beginnt, richtet euch auf und erhebt eure Häupter, denn eure Erlösung naht.** *Lukas 21,26–28*

Hebet eure Häupter auf! Die Erlösung naht behände, weil erfüllt der Zeiten Lauf, dass der Herr den Sieg vollende, der des Feindes Macht zerbricht / in Gerechtigkeit, Gericht. BG 1029,2 Theophil Brodersen

10. Montag **Meine Tränen sind meine Speise Tag und Nacht, weil man täglich zu mir sagt: Wo ist nun dein Gott?** *Psalm 42,4*

**Christus hat in den Tagen seines irdischen Lebens Bitten und Flehen mit lautem Schreien und mit Tränen dem dargebracht, der ihn vom Tod erretten konnte; und er ist auch erhört worden, weil er Gott in Ehren hielt.** *Hebräer 5,7*

Herr Jesus Christus, wir warten auf dein Kommen, wie wir nach Gerechtigkeit hungern und an der Ungerechtigkeit leiden. Wir warten auf dein Kommen, wie uns nach Freiheit dürstet, weil wir die Fesseln der Schuld und der Bedrückung spüren. Öffne unsere Augen, damit wir einen Vorschein deiner Freude in unserem Leben zu sehen bekommen. Jürgen Moltmann

*Hebräer 6,9–12 :: Jesaja 63,17–64,11*

11. Dienstag **Der Vogel hat ein Haus gefunden und die Schwalbe ein Nest für ihre Jungen – deine Altäre, HERR Zebaoth, mein König und mein Gott.**

*Psalm 84,4*

**Es ist also noch eine Ruhe vorhanden für das Volk Gottes.** *Hebräer 4,9*

Vielerlei Kummer und Sorge, vielfältige und unterschiedliche Ziele trennen uns voneinander. Doch wir wissen, dass kein Ast vollständig von dem Baum des Lebens abgebrochen wird, der uns alle erhält. Der lebendige Gott ruft uns zusammen.

*Offenbarung 2,12–17 :: Jesaja 65,1–16*

12. Mittwoch **Wie ein Hirte seine Schafe sucht, wenn sie von seiner Herde verirrt sind, so will ich meine Schafe suchen.** *Hesekiel 34,12*

Christus spricht: **Ich bin der gute Hirte und kenne die Meinen und die Meinen kennen mich.**

*Johannes 10,14*

Wenn ein Schaf verloren ist, suchet es ein treuer Hirte; Jesus, der uns nie vergisst, suchet treulich das Verirrte, dass es nicht verderben kann: Jesus nimmt die Sünder an. 353,3 Erdmann Neumeister

*Offenbarung 2,1–7 :: Jesaja 65,17–25*

13. Donnerstag **Du erkennst ja in deinem Herzen, dass der Herr, dein Gott, dich erzogen hat, wie ein Mann seinen Sohn erzieht.** *5. Mose 8,5*

**Als der Sohn noch weit entfernt war, sah ihn sein Vater und es jammerte ihn; er lief und fiel ihm um den Hals und küsste ihn.** *Lukas 15,20*

Lobe den Herren, der sichtbar dein Leben gesegnet, der aus dem Himmel mit Strömen der Liebe geregnet. Denke daran, was der Allmächtige kann, der dir mit Liebe begegnet. 317,4 Joachim Neander

*2. Korinther 5,1–10 :: Jesaja 66,1–4*

14. Freitag **Das Volk, das ich mir bereitet habe, soll meinen Ruhm verkündigen.** *Jesaja 43,21*

**Euch hat Christus versöhnt durch den Tod seines sterblichen Leibes, damit er euch heilig und untadelig und makellos vor sein Angesicht stelle.** *Kolosser 1,22*

Da unser Herr, der die Sünde und den Tod vernichtet hat, niemanden findet, der ohne Schuld ist, so kommt er, um alle zu befreien. Leo der Große

*Lukas 22,66–71 :: Jesaja 66,5–17*

15. Samstag **Fürchtet euch nur nicht und stärkt eure Hände!** *Sacharja 8,13*

**Ihr seid das Licht der Welt.** *Matthäus 5,14*

Gott, unser Retter, komm uns entgegen auf dem Weg des Friedens, ermutige uns. Mach uns fähig, deine Güte und Gnade zu empfangen, deine Herrlichkeit um uns her schon zu erkennen, hier und heute, und zu glauben, dass Gerechtigkeit und Friede tatsächlich Hand in Hand gehen können.

*1. Thessalonicher 4,13–18 :: Jesaja 66,18–24*

3. SONNTAG IM ADVENT

Bereitet dem HERRN den Weg; denn siehe, der HERR kommt gewaltig. *Jesaja 40,3.10*

*Wochenlied: 10*
*Matthäus 11,2–6(7–10) :: 1. Korinther 4,1–5*
*(Pr.) Jesaja 40,1–8(9–11) :: Psalm 68,20–36*

16. Sonntag **Ich habe euch lieb, spricht der HERR.** *Maleachi 1,2*

**Der Herr richte eure Herzen aus auf die Liebe Gottes und auf die Geduld Christi.** *2. Thessalonicher 3,5*

Nichts tröstet mächtiger als die Gewissheit, mitten im Elend von der Liebe Gottes umfangen zu werden.

Johannes Calvin

17. Montag **Hiob antwortete dem HERRN: Siehe, ich bin zu gering, was soll ich antworten? Ich will meine Hand auf meinen Mund legen.** *Hiob 40,3.4*

**Weil Gott uns für wert geachtet hat, uns das Evangelium anzuvertrauen, darum reden wir, nicht, als wollten wir den Menschen gefallen, sondern Gott, der unsere Herzen prüft.** *1. Thessalonicher 2,4*

Nun, Herr, du gibst uns reichlich, wirst selbst doch arm und schwach; du liebest unvergleichlich, du jagst den Sündern nach. Drum wolln wir all in ein / die Stimmen hoch erschwingen, dir Hosianna singen / und ewig dankbar sein. BG 141,8 Johann Rist

*Lukas 1,26–38 :: Lukas 1,1–17*

18. Dienstag **Er steht dem Armen zur Rechten, dass er ihm helfe von denen, die ihn verurteilen.** *Psalm 109,31*

**Er, der heiligt, und sie, die geheiligt werden, stammen alle von Einem ab. Aus diesem Grund scheut er sich nicht, sie Brüder und Schwestern zu nennen.** *Hebräer 2,11*

Herr Jesus Christus, wenn wir in den Brüdern und Schwestern deine Geschöpfe sehen, die du mit uns auf den Weg zu deinem Reich gestellt hast, wird es uns nicht gleichgültig sein, wenn sie arm sind. Hilf uns, ihnen beizustehen, wie du es schon getan hast. *

*1. Thessalonicher 5,16–24 :: Lukas 1,18–25*

19. Mittwoch **Der Herr wird dein ewiges Licht und dein Gott wird dein Glanz sein.** *Jesaja 60,19*

**Johannes der Täufer kam zum Zeugnis, um von dem Licht zu zeugen, damit sie alle durch ihn glaubten.** *Johannes 1,7*

Der Herr, der Heiland, unser Licht, uns leuchten lass sein Angesicht, dass wir ihn schaun und glauben frei, dass er uns ewig gnädig sei.
140,3 Gerhard Tersteegen

*2. Korinther 1,18–22 :: Lukas 1,26–38*

20. Donnerstag **Wenn der Herr nicht die Stadt behütet, so wacht der Wächter umsonst.** *Psalm 127,1*

**Nicht dass wir tüchtig sind von uns selber, uns etwas zuzurechnen als von uns selber; sondern dass wir tüchtig sind, ist von Gott.** *2. Korinther 3,5*

In allen meinen Taten / lass ich den Höchsten raten, der alles kann und hat; er muss zu allen Dingen, soll's anders wohl gelingen, mir selber geben Rat und Tat.
368,1 Paul Fleming

*Offenbarung 5,1–5 :: Lukas 1,39–45*

21. Freitag **Nach diesem will ich meinen Geist ausgießen über alles Fleisch.** *Joel 3,1*

**Jesus sprach: Der Tröster, der Heilige Geist, den mein Vater senden wird in meinem Namen, der wird euch alles lehren und euch an alles erinnern, was ich euch gesagt habe.** *Johannes 14,26*

Heilger Geist, du Tröster mein, hoch vom Himmel uns erschein / mit dem Licht der Gnaden dein. O du sel'ge

Gnadensonn, füll das Herz mit Freud und Wonn / aller, die dich rufen an. 128,1.3 Martin Moller

*Offenbarung 3,7.8.10.11(12) :: Lukas 1,46–56*

22. Samstag **Nimm ja nicht von meinem Munde das Wort der Wahrheit.** *Psalm 119,43*

**Dafür halte uns jedermann: für Diener Christi und Haushalter über Gottes Geheimnisse.**

*1. Korinther 4,1*

Das Wort »Wahrheit« bezieht sich nicht allein auf Worte, sondern es muss überhaupt über dem ganzen Leben stehen. Alles, was wir reden, denken, leben und sind, soll gewiss und wahrhaftig sein, damit nicht allein die Welt, sondern auch wir selbst nicht betrogen werden. Martin Luther

*Offenbarung 22,16.17.20.21 :: Lukas 1,57–66*

---

## 4. SONNTAG IM ADVENT

Freuet euch in dem Herrn allewege, und abermals sage ich: Freuet euch! Der Herr ist nahe!

*Philipper 4,4–5*

*Wochenlied: 9*
*Lukas 1,(39–45)46–55(56) :: Philipper 4,4–7*
*(Pr.) Johannes 1,19–23(24–28) :: Psalm 130*

---

23. Sonntag **Ihr sollt euch nicht wenden zu den Geisterbeschwörern und Zeichendeutern und sollt sie nicht befragen, dass ihr nicht an ihnen unrein werdet; ich bin der HERR, euer Gott.** *3. Mose 19,31*

**Er hat uns errettet von der Macht der Finsternis und hat uns versetzt in das Reich seines lieben Sohnes.** *Kolosser 1,13*

O du Glanz der Herrlichkeit, Licht vom Licht, aus Gott geboren: mach uns allesamt bereit, öffne Herzen, Mund und Ohren; unser Bitten, Flehn und Singen / lass, Herr Jesu, wohl gelingen. 161,3 Tobias Clausnitzer

---

HEILIGER ABEND

*Lied: 27*
*Matthäus 1,(1–17)18–21(22–25) :: Römer 1,1–7*
*(Pr.) Hesekiel 37,24–28 :: Lukas 1,67–80*

---

24. Montag **Wer dem Geringen Gewalt tut, lästert dessen Schöpfer.** *Sprüche 14,31*

**Eure Güte lasst kund sein allen Menschen! Der Herr ist nahe!** *Philipper 4,5*

Herr, unser Gott, darum bist du Mensch geworden, dass wir lieben, wie du uns schon immer liebst. *

---

WEIHNACHTSFEST

Das Wort ward Fleisch und wohnte unter uns, und wir sahen seine Herrlichkeit. *Johannes 1,14*

*Lied: 23*
*Lukas 2,(1–14)15–20 :: Titus 3,4–7*
*(Pr.) Johannes 3,31–36 :: Lukas 2,1–14*

---

25. Dienstag **Kein Bewohner Zions wird sagen: »Ich bin schwach«; denn das Volk, das darin wohnt, wird Vergebung der Sünde haben.** *Jesaja 33,24*

**Der Engel sprach: Fürchtet euch nicht! Siehe, ich verkündige euch große Freude, die allem Volk widerfahren wird; denn euch ist heute der Heiland geboren, welcher ist Christus, der Herr.**

*Lukas 2,10–11*

Lobt Gott, ihr Christen alle gleich, in seinem höchsten Thron, der heut schließt auf sein Himmelreich / und schenkt uns seinen Sohn. Er wechselt mit uns wunderlich: Fleisch und Blut nimmt er an / und gibt uns in seins Vaters Reich / die klare Gottheit dran.

27,1.4 Nikolaus Herman

---

2. WEIHNACHTSTAG

*Lied: 23 oder 38*
*Johannes 1,1–5(6–8)9–14 :: Hebräer 1,1–3(4–6)*
*(Pr.) Jesaja 11,1–9 :: Lukas 2,15–20*

STEPHANUSTAG

Der Tod seiner Heiligen wiegt schwer vor dem HERRN. Dir will ich Dank opfern und des Herrn Namen anrufen. *Psalm 116,15.17*

*Lied: 25*
*Matthäus 10,16–22 :: Apostelgeschichte (6,8–15) 7,55–60*
*(Pr.) 2. Chronik 24,19–21 :: Lukas 2,15–20*

---

26. Mittwoch **Fürchtet euch nicht! Haltet stand, so werdet ihr sehen, wie der HERR euch heute helfen wird.** *2. Mose 14,13*

**Die Hirten kehrten wieder um, priesen und lobten Gott für alles, was sie gehört und gesehen hatten, wie denn zu ihnen gesagt war.** *Lukas 2,20*

Du wollst in mir entzünden / dein Wort, den schönen Stern, dass falsche Lehr und Sünden / sein meinem Herzen fern. Hilf, dass ich dich erkenne / und mit der Christenheit / dich meinen König nenne / jetzt und in Ewigkeit. 71,6 Martin Behm

27. Donnerstag **HERR, zürne nicht so sehr und gedenke nicht ewig der Sünde! Sieh doch an, dass wir alle dein Volk sind!** *Jesaja 64,8*

**Wer an den Sohn glaubt, der hat das ewige Leben. Wer aber dem Sohn nicht gehorsam ist, der wird das Leben nicht sehen, sondern der Zorn Gottes bleibt über ihm.** *Johannes 3,36*

Gott, wir danken dir. Im Stern von Bethlehem leuchtest du uns entgegen. Lass uns deine Strahlen spüren und sie durch uns hindurch strahlen, dass wir uns und einander in deinem Licht neu erkennen. Bewege uns in Leib und Seele, nimm uns hinein in deine Geschichte mit der Welt.

*2. Johannes 1,1–6(7) :: Lukas 2,21–24*

28. Freitag **Der Tag des HERRN ist groß und voller Schrecken, wer kann ihn ertragen? Doch auch jetzt noch, spricht der HERR, bekehrt euch zu mir von ganzem Herzen!** *Joel 2,11–12*

**Der Herr lasse euch wachsen und immer reicher werden in der Liebe untereinander und zu jedermann, damit eure Herzen gestärkt werden und un-**

**tadelig seien in Heiligkeit vor Gott, unserm Vater, wenn unser Herr Jesus kommt.**

*1. Thessalonicher 3,12.13*

Vater, hilf allen, die sich bereichert haben, und sei es auch durch harte Arbeit: überzeuge sie, dass die beste Erbschaft für ihre Kinder das lebendige Beispiel der Gerechtigkeit ist, des offenen Herzens und der offenen Hände. Helder Camara

*Matthäus 2,13–18 :: Lukas 2,25–35*

29. Samstag **Du sollst nicht falsch Zeugnis reden wider deinen Nächsten.** *2. Mose 20,16*

**Lasst kein faules Geschwätz aus eurem Mund gehen, sondern redet, was gut ist, was erbaut und was notwendig ist, damit es Segen bringe denen, die es hören.** *Epheser 4,29*

Spender des Lebens, halte rein meine Lippen von verletzenden Worten, gib mir klare Augen, das Gute der anderen zu sehen. Gib mir sanfte Hände, ein gütiges Herz und eine geduldige Seele. Florence Nightingale

*1. Johannes 4,11–16a :: Lukas 2,36–40*

---

1. SONNTAG NACH WEIHNACHTEN

Das Wort ward Fleisch und wohnte unter uns, und wir sahen seine Herrlichkeit. *Johannes 1,14*

*Wochenlied: 25 oder 34*

*Lukas 2,(22–24)25–38(39–40) :: 1. Johannes 1,1–4*

*(Pr.) Johannes 12,44–50 :: Psalm 2*

---

30. Sonntag **Weigere dich nicht, dem Bedürftigen Gutes zu tun, wenn deine Hand es vermag.**

*Sprüche 3,27*

**Seid Täter des Worts und nicht Hörer allein; sonst betrügt ihr euch selbst.** *Jakobus 1,22*

Öffn' uns die Ohren und das Herz, dass wir das Wort recht fassen, in Lieb und Leid, in Freud und Schmerz / es aus der Acht nicht lassen; dass wir nicht Hörer nur allein / des Wortes, sondern Täter sein, Frucht hundertfältig bringen. 196,2 David Denicke

---

ALTJAHRSABEND

Barmherzig und gnädig ist der HERR, geduldig und von großer Güte. *Psalm 103,8*

*Lied: 59 oder 64*

*Lukas 12,35–40 :: Römer 8,31b–39*

*(Pr.) Johannes 8,31–36 :: Lukas 2,41–52*

---

31. Montag **Meine Augen sehnen sich nach deinem Wort und sagen: Wann tröstest du mich?**

*Psalm 119,82*

**Unser Herr Jesus Christus, und Gott, unser Vater, der uns geliebt und uns einen ewigen Trost gegeben hat und eine gute Hoffnung durch Gnade, der tröste eure Herzen.** *2. Thessalonicher 2,16–17*

Bleib bei uns, wenn das Jahr zu End, wenn sich die Zeit noch einmal wend't, wenn ihr Woher, Wohin uns schreckt, kein Ziel und Sinn sich uns entdeckt. Bleib bei uns, Herr, nimm unser wahr, geleit uns in das neue Jahr. BG 860,2 Arno Pötzsch

# Kontakte zur Herrnhuter Brüdergemeine

Wir, die Herrnhuter Brüdergemeine, sind eine aus den Böhmischen Brüdern und dem Pietismus entstandene evangelische Freikirche. Wir wurden durch die Losungen und durch unsere weltweite Missionsarbeit bekannt. Neben der Verbreitung der Losungen gehören eine Vielzahl weiterer Aufgaben zu unserem Tätigkeitsbereich. Wenn Sie mehr über uns wissen möchten, wenden Sie sich bitte mit der eingehefteten Postkarte im Innenteil an uns oder direkt an folgende Einrichtungen.

**Herrnhuter Brüdergemeine**
Evangelische Brüder-Unität, Postfach 21, 02745 Herrnhut
Tel. 035873/487-0, Fax -99, E-Mail: info@ebu.de

Evangelische Brüder-Unität, Badwasen 6, 73087 Bad Boll
Tel. 07164/9421-0, Fax -99, E-Mail: info@bb.ebu.de
Internet: www.losungen.de

Spenden für unsere Losungsarbeit: Ev. Kreditgenossenschaft e.G. Kassel, BLZ 520 604 10 Kto. 415 928
Stichwort: Losungsspende

**Herrnhuter Missionshilfe**
Badwasen 6, 73087 Bad Boll, Tel. 07164/9421-90,
Fax -99, E-Mail: info@herrnhuter-missionshilfe.de
Internet: www.herrnhuter-missionshilfe.de

Spenden für unsere Missionsarbeit: Ev. Kreditgenossenschaft e.G. Kassel, BLZ 520 604 10 Kto. 415 103
Stichwort: Herrnhuter Missionshilfe

**Graf Zinzendorf-Stiftung**
in Verwaltung der Ev. Brüder-Unität/Herrnhuter Brüdergemeine, Badwasen 6, 73087 Bad Boll
Tel. 07164/9421-0, Fax -99, E-Mail: stiftung@bb.ebu.de
Internet: www.graf-zinzendorf-stiftung.de

**Gäste, Reisen, Führungen**
Wir laden zu einem Aufenthalt ein:
Tagungs- und Erholungsheim, Comeniusstraße 8, 02747 Herrnhut, Tel. 035873/338-40, Fax -59
E-Mail: info@teh-herrnhut.de

Wir bieten Führungen an:
Gästearbeit der Herrnhuter Brüdergemeine
Zittauer Straße 20, 02747 Herrnhut, Tel. 035873/487-37
gaestearbeit@ebu.de

Wir nehmen Gäste und Gruppen auf:
Rüstzeitenheim Haus Sonnenschein
Lobensteiner Straße 13, 07929 Saalburg-Ebersdorf,
Tel. 036651/87142, Fax /385795, E-Mail: rzs@ebu.de

**Schulen**
Gymnasium, Realschule und berufliche Schulen mit Internaten in Königsfeld/Schwarzwald
Tel. 07725/938160

Gymnasium, Realschule in Tossens/Nordsee
Tel. 04736/92950

Gymnasium in Herrnhut
Tel. 035873/481-0

**Eigene Wirtschaftsbetriebe**
Herrnhuter Sterne GmbH, Oderwitzer Straße 8, 02747 Herrnhut, Tel. 035873/364-0, Fax -35
www.herrnhuter-sterne.de

Abraham Dürninger & Co, Großhandel für kirchlichen Bedarf, Oderwitzer Straße 12, 02747 Herrnhut
Tel. 035873/411-11, Fax -10, www.duerninger.com

Comenius-Buchhandlung, Comeniusstraße 2,
02747 Herrnhut, Tel. 035873/2253, Fax /40544
www.comeniusbuchhandlung.de

**Pfarrämter der Brüdergemeine**

Wir veranstalten regelmäßige Treffen und geben gerne Auskunft über unsere Arbeit:

01127 Dresden, Oschatzer Straße 41, Tel. 0351/8489804
02625 Bautzen-Kleinwelka, Zinzendorfplatz 5, Tel. 035935/20819
02747 Herrnhut, Comeniusstraße 3, Tel. 035873/33604
02906 Niesky, Zinzendorfplatz 2, Tel. 03588/202995
03046 Cottbus, Straße der Jugend 94, Tel. 0355/4946782
03149 Forst, Blumenstraße 3, Tel. 03562/8014
07929 Saalburg-Ebersdorf, Lobensteiner Straße 16, Tel. 036651/87006
08058 Zwickau, Clara-Zetkin-Straße 20, Tel. 0375/302032
12043 Berlin, Kirchgasse 14/17, Tel. 030/68809122
22087 Hamburg, Armgartstraße 20, Tel. 040/2299965
33607 Bielefeld, Lohkampstraße 7, Tel. 0521/65927
39249 Gnadau, Barbyer Straße 6, Tel. 03928/400050
40667 Meerbusch, Witzfeldstraße 62, Tel. 02132/757661
49824 Neugnadenfeld, Herrnhuter Ring 22, Tel. 05944/1800
56564 Neuwied, Friedrichstraße 43, Tel. 02631/899821
60487 Frankfurt/Main, Mulanskystraße 21, Tel. 069/70 98 31
73087 Bad Boll, Herrnhuter Weg 6, Tel. 07164/912550
78126 Königsfeld, Zinzendorfplatz 2, Tel. 07725/938218
99192 Neudietendorf, Kirchstraße 13, Tel. 036202/78620

# Unsere Unitätsgebetswacht

*Das Losungsbuch hat Leser auf allen Kontinenten gefunden. Wir sind daher mit Menschen verschiedenster Kulturen und Sprachen im Hören und Bedenken des jeweiligen Gotteswortes verbunden. Verbunden sind wir auch im Gebet zu unserem gemeinsamen Herrn und Heiland.*

In der Brüdergemeine hat sich dafür eine besondere Form herausgebildet, die Unitätsgebetswacht. Die Wurzeln liegen im Stundengebet des alten Herrnhut. Damals fanden sich Brüder und Schwestern bereit, an allen Stunden des Tages im Gebet vor den Herrn zu treten. Diese Gebetsform wurde 1956/57 neu belebt. Alle Provinzen der Brüder-Unität sind an diesem Gebet beteiligt, sodass eine Gebetskette entstanden ist, die vom 1. Januar bis zum 31. Dezember jedes Jahres reicht. Die folgende Übersicht zeigt den Verlauf der Gebetskette durch das Jahr.

31.12–18.1.: **USA, Südprovinz,** 19.1.–23.1.: **Costa Rica,** 24.1.–31.1.: **Guyana,** 1.2.–7.2.: **Tschechische Republik,** 8.2.–25.2.: **Surinam,** 25.2.–14.3.: **Tanzania, Westprovinz,** 15.3.–22.3.: **Alaska,** 22.3.–31.3.: **Europäisch-Festländische Brüder-Unität** und Unitätswerke in der **Tschechischen Republik** und auf dem **Sternberg,** 1.4.–14.4.: **Westindien-Ost,** 15.4.–16.4.: **Labrador,** 16.4.–17.4.: **Congo, Missionsprovinz,** 18.4.–19.4.: **Tanzania, Lake Tanganyika, Missionsprovinz,** 20.4.–7.5.: **Jamaika, Kuba** und **Grand Cayman,** 8.5.–25.5.: **Honduras,** 25.5.–25.6.: **Südafrika,** 26.6.–9.7.: **Großbritannien** und Unitätswerk in **Indien,** 10.7.–23.7.: **Tanzania, Rukwa-Provinz,** 24.7.–6.9.: **Tanzania, Südprovinz** und **Malawi,** 7.9.–5.10.: **Nikaragua,** 5.10.–6.10.: **Zambia, Missionsprovinz,** 7.10.–30.11.: **Tanzania, Südwestprovinz,** 1.12.–31.12.: **USA, Nordprovinz**

**Lutherbibel**
Alle Bibeltexte Altes und Neues Testament aus: Lutherbibel, revidierte Texte 1984, durchgesehene Ausgabe in neuer Rechtschreibung, © Deutsche Bibelgesellschaft, Stuttgart

**Zürcher Bibel 1931**
Losungen: 05.01., 28.01., 19.02., 11.03., 28.03., 15.04., 21.04., 29.04., 07.05., 18.05., 06.06., 12.06., 14.06., 17.06., 23.06., 18.07., 26.08., 02.09., 09.09., 24.09., 01.11., 26.11., 04.12., 26.12.

**Zürcher Bibel 2007**
Lehrtexte: 08.02., 23.02., 29.02., 20.03., 11.04., 18.05., 23.05., 20.06., 12.07., 17.07., 27.07., 03.08., 08.08., 03.09., 07.09., 14.10., 04.11., 06.11., 26.11., 09.12., 18.12.

**Gute Nachricht Bibel**
Lehrtexte: 15.01., 12.03., 23.03., 09.04., 29.05., 06.07., 14.09., 11.11.

**Einheitsübersetzung**
Monatssprüche: Januar, Februar, März, April

**Dritte Texte**

03.01. M. Luther, Großer Katechismus, Erläuterung zum Vierten Gebot, München/Hamburg: Siebenstern Taschenbuch Verlag 1964, Calwer Luther-Ausgabe, Bd 1, S. 43
04.01. Aus einem Gottesdienst in der Erlöserkirche in Jerusalem, zit. in: Jeden Augenblick segnen. Segenstexte für jeden Tag des Lebens. Verlag am Eschbach, 2. Auflage 2008, S. 48
08.01. Diverse Titel GVH-Sachbuch © 2009, Gütersloher Verlagshaus, Gütersloh, in der Verlagsgruppe Random House GmbH
09.01. Das Wort Gottes für jeden Tag 2009, Leipzig: Benno, 2008, S. 78
15.01. siehe 08.01.
19.01. zit. in: Unsere Zeit in Gottes Händen, Hrsg. W. Brinkel, Gütersloh: Gütersloher Verlagshaus, 2009, S. 33, (gekürzt) – © bei der Autorin
21.01. Peter Dyckhoff, «Herr, komm uns entgegen ...», S. 17, aus: Ders., In der Stille vor dir, Gebet aus dem Geist grosser christlicher Mystiker © Verlag Herder GmbH, Freiburg im Breisgau, 2. Auflage 2007
24.01. K. Barth, Den Gefangenen Befreiung. Predigten, Zürich: EVZ, 1959, S. 1
26.01. Antje Sabine Naegeli, «Herr, du mein Gott ...», S. 61f, aus: Dies., Du hast mein Dunkel geteilt, Gebet an unerträglichen Tagen © Verlag Herder GmbH, Freiburg im Breisgau, 27. Gesamtauflage 2011
28.01. zit. in: E. Busch, Eine Spur von Gottes Hand und Fuß. Worte von Johannes Calvin, Göttingen: Vandenhoeck&Ruprecht, 2008, S. 14
29.01. EG Ausgabe Reformierte Kirche, zu Psalm 121, Strophe 2
30.01. Dietrich Bonhoeffer, Widerstand und Ergebung © 1998, Gütersloher Verlagshaus, Gütersloh, in der Verlagsgruppe Random House GmbH
03.02. siehe 30.01.
11.02. zit. in: Unsere Zeit in Gottes Händen, Hrsg. W. Brinkel, S. 89 (gekürzt)
14.02. Jörg Zink, «Herr, du kennst unsere Schwäche ...», aus: Ders., Wie wir beten können © KREUZ Verlag in der Verlag Herder GmbH, Freiburg im Breisgau, 2008
16.02. Antje Sabine Naegeli, «Mein Gott, meinen stummen Schmerz ...», S. 32f, aus: Dies., Die Nacht ist voller Sterne, Gebete in dunklen Stunden © Verlag Herder GmbH, Freiburg im Breisgau, 22. Gesamtauflage 2010
17.02. Arno Pötzsch, Im Licht der Ewigkeit. Geistliche Lieder und Gedichte. Gesamtausgabe. Leinfelden-Ehterdingen: Verlag Junge Gemeinde, 2008, S. 262
19.02. siehe 17.02., S. 58
20.02. Werdet weise und verständig. Gebete aus der Ökumene 6, Hrsg. Evang. Missionswerk in Deutschland, Hamburg, 2008, S. 8 (gekürzt)
22.02. Gerhard Jan Rötting, Dich trägt eine starke Hand © SCM Hänssler, D-71088 Holzgerlingen, www.scm-haenssler.de
24.02. H.-G. Krabbe, Gottesdienstbuch zum

Kirchenjahr, Göttingen: Vandenhoeck&Ruprecht, 2006, S. 122
27.02. zit. in: Verstehen durch Stille. Loccumer Brevier, Hannover: Luth. Verlagshaus, 3. Aufl. 2005, S. 212
28.02. J.A. Comenius, Unum nessesarium, zit. nach einer Liturgie der Brüdergemeine
09.03. siehe 04.01., S. 190
11.03. zit. in: Gotteslob, Ausgabe des Bistums Rottenburg-Stuttgart, Ostfildern: Schwabenverlag, 1985, S. 36–37 (gekürzt)
12.03. Das Wort Gottes für jeden Tag 2009, Leipzig: Benno, 2008, S. 74 © Alle Rechte liegen beim Autor
19.03. © Ateliers et Presses de Taizé; F-71250 Taizé
21.03. EG Ausgabe Baden/Elsass und Lothringen/Pfalz, Nr. 636,1
22.03. Ph. Melanchthon, Ich rufe zu dir. Gebete, Hrsg. M.H. Jung, Frankfurt: GEP, 1997, 3. Aufl., S. 20–21. www.chrismon.de
23.03. siehe 28.01., S. 16
26.03. Hans Peter Royer, Abhängigkeit macht frei © 2007 SCM Hänssler, D-71088 Holzgerlingen, www.scmhaenssler.de, S. 24
29.03. Peter Dyckhoff, «Mein Herr und Heiland ...», S. 18, aus: siehe 21.01.
30.03. Gerhard Engelsberger, «Ewiger Gott, dich bitten wir ...», aus: Ders., Gebete für den Gottesdienst, S. 202 © KREUZ Verlag in der Verlag Herder GmbH, Freiburg im Breisgau, 2. Auflage 2005
05.04. siehe 17.02., S. 90
07.04. Helder Camara: Haben ohne festzuhalten © 2009 Pendo Verlag in der Piper Verlag GmbH, München und Zürich, S. 138
08.04. Heinecke, Walter: Du hast uns, Herr, in dir verbunden. © Rechte beim Urheber
11.04. EG Ausgabe Württemberg, Zwischentext nach Nr. 392
14.04. Aus: Gebete für alle Lebenslagen © St. Benno-Verlag Leipzig, www.st-benno.de
16.04. siehe 20.02., S. 18
17.04. siehe 26.03., S. 34
20.04. Gesangbuch der Brüdergemeine 1967, Nr. 824,4
21.04. H. Hümmer, Es ist ein Raum bei mir, Christusbruderschaft Selbitz: Buch- und Kunstverlag, 2004, 3.Aufl., S. 225
25.04. Eckhard Herrmann, Aus meines Herzens Grunde. Gebete für jeden Tag, Claudius Verlag München, S. 14 (gekürzt)
29.04. Karl Heinz Bierlein (Hrsg.), Wenn Worte fehlen, Claudius Verlag, München, S. 35
08.05. zit. in: Evangelisches Gesang- und Gebetbuch für Soldaten, Kassel: Johannes Stauda, o. J.
11.05. Peter Dyckhoff, «Herr, es verlangt mich ...», S. 213, aus: siehe 21.01.
13.05. EG Ausgabe Bayern/Thüringen, Zwischentext nach Nr. 183
17.05. Karl-Heinz Ronecker, Neige dein Ohr © Gütersloher Verlagshaus, Gütersloh, in der Verlagsgruppe Random House GmbH
21.05. Günter Ruddat, zit. bei: bibel-denken@vnr-ag.de am 4. Dez. 2007 – © Günter Ruddat
23.05. siehe 17.02., S. 446, zitiert nach Textfassung des Evangelischen Gesangbuchs (Nr. 533)
24.05. Existenz im Glauben. Aus Dokumenten, Briefen und Tagebüchern Sören Kierkegaards, Hrsg. L. Richter, Berlin: Evang. Verlagsanstalt, 1956, Nr. 359
26.05. Gerhard Engelsberger, «Ewiger, treuer Gott ...», S. 52, aus: siehe 30.03.
29.05. zit. in: Andere Zeiten. Magazin zum Kirchenjahr 2/2006, S. 15
30.05. siehe 14.04.
03.06. bibel-denken@vnr-ag.de am 7.Juni 2008 – © Günter Ruddat
05.06. zit. in: Andere Zeiten. Magazin zum Kirchenjahr, Hrsg. Andere Zeiten e.V., Hamburg, Heft 1/2009, S. 9
09.06. siehe 17.02., S. 240
10.06. Gebet in einem Flyer der Flughafenseelsorge Dresden
12.06. siehe 26.03., S. 39
15.06. siehe 11.04., Nr. 615,2
16.06. Peter Dyckhoff, «Herr, du weißt, was wir brauchen ...», S. 103, aus: siehe 21.01.
17.06. Verfasser unbekannt, zit. in: Vater unser. Ein biblisches Brevier, Berlin: Evang. Haupt-Bibelgesellschaft, 1995, S. 58 (gekürzt)
21.06. Heute mit Luther beten, Hrsg. F. Schulz, Gütersloh: Gütersloher Verlagshaus, 1978, S. 10
23.06. Thomas von Aquin, «Schenke mir, Herr, Verstand ...», aus: 100 Gebete, die das Leben verändern, S. 31 ©

KREUZ Verlag in der Verlag Herder GmbH, Freiburg im Breisgau, 2005
26.06. siehe 07.04., S. 172 (gekürzt)
29.06. zit. in: Christian David, Beschreibung und Zuverlässige Nachricht von Herrnhut, 1735, S. 135–136
03.07. Christa Spilling-Nöker, Gott sei mit dir (Auszug), © Verlag am Eschbach der Schwabenverlag AG, Eschbach/Markgräferland
06.07. zit. in: Gebete der Christenheit, Hrsg. W. Nigg, Hamburg: Rauhes Haus, 1960, S. 88
08.07. siehe 29.01., Nr. 792.42, Heidelberger Katechismus, aus Frage 110
12.07. Klepper, Jochen: Kyrie Eleison © Luther-Verlag GmbH, Bielefeld
15.07. Heinrich Giesen, «Du liebtest mich so, wie ich war …», aus: Ders., Minutengebete, S. 19 © KREUZ Verlag in der Verlag Herder GmbH, Freiburg im Breisgau, 2005
17.07. zit. in: siehe 04.01., S. 58-59 (Ausschnitt) – © beim Autor
20.07. zit. in: Lobet den Herrn! erschienen 1987, Diogenes Verlag AG Zürich, S. 42
22.07. Schulz, Otmar: O komm, o komm Emmanuel © Verlag Singende Gemeinde Wuppertal
27.07. Angelika Büchelin, Gott segne uns, in: Jeden Augenblick segnen. Segenstexte für jeden Tag des Lebens, © Verlag am Eschbach der Schwabenverlag AG, Eschbach/Markgräferland, 2. Auflage 2008. S. 149.
29.07. EG Kurhessen Waldeck, Glaubensbekenntnis aus Heidelberg 1966 (Ausschnitt), Nr. 0.14
30.07. Henri Nouwen, «Herr ich bitte dich, geselle dich …», aus: Ders., Gebete aus der Stille, Mit einer Einleitung von Anselm Grün, aus dem Amerikanischen von Mathilde Wieman © Verlag Herder GmbH, Freiburg im Breisgau, 2005
02.08. Jörg Zink, «Vater, wir nehmen einander die Liebe weg …», aus: siehe 14.02.
06.08. Gebete für alle Tage, Hrsg. W. Brixner/O. Hellmich-Brixner, Augsburg: Pattloch, 1998, S. 176
09.08. © Ateliers et Presses de Taizé; F-71250 Taizé
11.08. siehe 08.01., S. 48 (gekürzt)
13.08. siehe 17.02., S. 81
15.08. Nach einem Gebet aus Afrika, zit. in: Wo Freiheit ist und Lachen. Gebete aus der Ökumene 4, Hamburg: Missionshilfeverlag, 1999, S. 21
20.08. H. Hümmer, Lass leuchten mir dein Angesicht, Selbitz: Buch- und Kunstverlag der Christusbruderschaft, 3. Aufl. 1995, S. 94 (gekürzt)
22.08. Unveröffentlichtes Manuskript, © Evang. Brüder-Unität
24.08. siehe 24.02., S. 53 (gekürzt)
26.08. Anselm Grün, «Barmherziger Gott …», aus: Ders., Schenk mir ein weites Herz, Gebete, S. 52 © Verlag Herder GmbH, Freiburg im Breisgau, 2006
29.08. M. Luther, WA 6, 291, 8–11
30.08. siehe 14.04.
03.09. zit. in: siehe 20.07., S. 48
10.09. Peter Dyckhof, «Herr, nur ein winziger Funke …», aus: Ders., 365 Tage im Licht der Liebe, Geistlich leben nach Johannes vom Kreuz © Verlag Herder GmbH, Freiburg im Breisgau, 2007
12.09. Henri Nouwen, «Die Gnade des Herrn …», aus: Ders., Gebete aus der Stille, Mit einer Einleitung von Anselm Grün, aus dem Amerikanischen von Mathilde Wieman © Verlag Herder GmbH, Freiburg im Breisgau, 2005
14.09. siehe 08.01.
20.09. Es ist ein Wort ergangen, Text: Arno Pötzsch, Melodie: Augsburg 1609 © (Text) SCM Hänssler, 71087 Holzgerlingen
21.09. Alle Autorenrechte liegen bei der Katholischen Akademie in Bayern, Romano Guardini, Theologische Gebete, 9. Aufl. 1998, in ders.: Psalter und Gebete, S. 310, Verlagsgemeinschaft Matthias Grünewald, Mainz/Ferdinand Schöningh, Paderborn
22.09. siehe 11.04., Nr. 588,3
25.09. Dietrich Bonhoeffer, Ethik © 2001, Gütersloher Verlagshaus, Gütersloh, in der Verlagsgruppe Random House GmbH
27.09. siehe 06.08., S. 422
29.09. Nach einem Gebet aus England, zit. in: siehe 15.08., S. 37
30.09. Nach: Paradiesgärtlein voller christlicher Tugenden …, 10. Gebot, 2. Gebet (1612)
03.10. Antje Sabine Naegeli, «Ich glaube, dass Gott nie einen Menschen aufgibt …», S. 40, aus: siehe 26.01.
05.10. Aus einem Gottesdienstentwurf der

Basler Mission, © Evang. Missionswerk in Südwestdeutschland
07.10. siehe 25.04., S. 23 (gekürzt)
10.10. Lege dein Herz in deine Gebete, Gebete aus der Ökumene 3, Hrsg. Hamburg: Evang. Missionswerk in Deutschland, 1998, S. 71
12.10. Quelle unbekannt – siehe 11.04., Zwischentext nach Nr. 467
16.10. WA 31 I, 76,26f
18.10. H.-J. Eckstein, Himmlisch menschlich, Holzgerlingen: Hänssler, 2006, S. 74
23.10. Neues Evang. Pastorale, Hrsg. Liturgische Konferenz der EKD, Gütersloh: Gütersloher Verlagshaus, 2005, S. 140 (gekürzt)
25.10. H. Carl, Hilf uns, Gott. Gebete, Meditationen junger Menschen, Würzburg: Echter, 1972, S. 19 (Ausschnitt)
30.10. Peter Dyckhoff, «Ich sage dir Dank für alle deine Liebe …», S. 127, aus: siehe 21.01.
02.11. Aus: Marie Noël, Erfahrungen mit Gott. Aus dem Französischen von Franziska Knapp © Matthias-Grünewald-Verlag, Mainz 2005
07.11. siehe 17.05.
10.11. siehe 29.01., Nr. 561,1
11.11. Aus der Ökumene, Mit dem halben Herzen, Gebete aus der Ökumene 2, Hrsg. Hamburg: Evang. Missionswerk in Deutschland, 1990, S. 69
14.11. Orate Fratres, Göttingen: Vandenhoeck&Ruprecht, 1970, 3. Aufl., S. 173
15.11. Bibel-Denken täglich, 12. März 2009, zit. in: bibel-denken@news.kommanet.de, © Günter Ruddat
16.11. Klepper, Jochen: Gott wohnt in einem Lichte © Luther-verlag GmbH, Bielefeld
22.11. Marie Hüsing, aus «Wunderbar getragen. Gebete für jeden Tag» (zu Himmelfahrt) © Kawohl-Verlag, 46485 Wesel
25.11. Vorspruch zum Gesangbuch der Brüdergemeine 2007
26.11. siehe 13.05., Nr. 563,5
29.11. siehe 30.01., S. 31 (gekürzt)
01.12. siehe 07.04., S. 159
05.12. Antje Sabine Naegeli, «Ich weiss, Herr, dass ich mich täuschen kann …», S. 59, aus: siehe 16.02.
10.12. Jürgen Moltmann, Die Sprache der Befreiung © Gütersloher Verlagshaus, Gütersloh, in der Verlagsgruppe Random House GmbH
11.12. siehe 20.02., S. 12
14.12. siehe 14.04.
15.12. Unter Sternen gehen, Iona-Community, Hrsg. B. Woodcock/J.S. Pickard, Neukirchen-Vluyn Aussaat, 2003, S. 44 (gekürzt)
16.12. siehe 13.05., Zwischentext nach Nr. 376
22.12. Lutherlexikon, Hrsg. K. Aland, Göttingen: Vandenhoeck&Ruprecht, 1989, S.375
27.12. Gottesdienstbuch in gerechter Sprache, Hrsg. E. Domay/H. Köhler, Gütersloh: Gütersloher Verlagshaus, 2003, S. 15
28.12. siehe 07.04., S. 124 (Ausschnitt)
29.12. zit. in: Unsere Zeit in Gottes Händen, Hrsg. W. Brinkel, S. 74 (Ausschnitt)
31.12. siehe 17.02., S. 450

Texte aus der Redaktion sind mit * gekennzeichnet.

# Kalendarium 2012

## JANUAR

1 **Neujahr** 1
2 Mo
3 Di
4 Mi
5 Do
6 **Epiphanias**
7 Sa

8 **1. So. n. Epiphanias** 2
9 Mo
10 Di
11 Mi
12 Do
13 Fr
14 Sa

15 **2. So. n. Epiphanias** 3
16 Mo
17 Di
18 Mi
19 Do
20 Fr
21 Sa

22 **3. So. n. Epiphanias** 4
23 Mo
24 Di
25 Mi
26 Do
27 Fr
28 Sa

29 **Letzter So. n. Epiphanias** 5
30 Mo
31 Di

## FEBRUAR

1 Mi
2 Do
3 Fr
4 Sa

5 **Septuagesimae** 6
6 Mo
7 Di
8 Mi
9 Do
10 Fr
11 Sa

12 **Sexagesimae** 7
13 Mo
14 Di
15 Mi
16 Do
17 Fr
18 Sa

19 **Estomihi** 8
20 Mo
21 Di
22 **Beginn der Passionszeit**
23 Do
24 Fr
25 Sa

26 **Invokavit** 9
27 Mo
28 Di
29 Mi

## MÄRZ

1 Do
2 Fr **Weltgebetstag**
3 Sa

4 **Reminiszere** 10
5 Mo
6 Di
7 Mi
8 Do
9 Fr
10 Sa

11 **Okuli** 11
12 Mo
13 Di
14 Mi
15 Do
16 Fr
17 Sa

18 **Lätare** 12
19 Mo
20 Di
21 Mi
22 Do
23 Fr
24 Sa

25 **Judika** 13
26 Mo
27 Di
28 Mi
29 Do
30 Fr
31 Sa

## APRIL

1 **Palmsonntag** 14
2 Mo
3 Di
4 Mi
5 **Gründonnerstag**
6 **Karfreitag**
7 Sa

8 **Osterfest** 15
9 **Ostermontag**
10 Di
11 Mi
12 Do
13 Fr
14 Sa

15 **Quasimodogeniti** 16
16 Mo
17 Di
18 Mi
19 Do
20 Fr
21 Sa

22 **Miserikordias Domini** 17
23 Mo
24 Di
25 Mi
26 Do
27 Fr
28 Sa

29 **Jubilate** 18
30 Mo

## MAI

1 Di
2 Mi
3 Do
4 Fr
5 Sa

6 **Kantate** 19
7 Mo
8 Di
9 Mi
10 Do
11 Fr
12 Sa

13 **Rogate** 20
14 Mo
15 Di
16 Mi
17 **Himmelfahrt**
18 Fr
19 Sa

20 **Exaudi** 21
21 Mo
22 Di
23 Mi
24 Do
25 Fr
26 Sa

27 **Pfingstfest** 22
28 **Pfingstmontag**
29 Di
30 Mi
31 Do

## JUNI

1 Fr
2 Sa

3 **Trinitatis Dreifaltigkeitsfest** 23
4 Mo
5 Di
6 Mi
7 **Fronleichnam**
8 Fr
9 Sa

10 **1. So n. Trinitatis** 24
11 Mo
12 Di
13 Mi
14 Do
15 Fr
16 Sa

17 **2. So n. Trinitatis** 25
18 Mo
19 Di
20 Mi
21 Do
22 Fr
23 Sa

24 **3. So n. Trinitatis/ Johannistag** 26
25 Mo
26 Di
27 Mi
28 Do
29 Fr
30 Sa

# Kalendarium 2012

## JULI

1 **4. So n. Trinitatis** 27
2 Mo
3 Di
4 Mi
5 Do
6 Fr
7 Sa
8 **5. So n. Trinitatis** 28
9 Mo
10 Di
11 Mi
12 Do
13 Fr
14 Sa
15 **6. So n. Trinitatis** 29
16 Mo
17 Di
18 Mi
19 Do
20 Fr
21 Sa
22 **7. So n. Trinitatis** 30
23 Mo
24 Di
25 Mi
26 Do
27 Fr
28 Sa
29 **8. So n. Trinitatis** 31
30 Mo
31 Di

## AUGUST

1 Mi
2 Do
3 Fr
4 Sa
5 **9. So n. Trinitatis** 32
6 Mo
7 Di
8 Mi
9 Do
10 Fr
11 Sa
12 **10. So n. Trinitatis** 33
13 Mo
14 Di
15 Mi
16 Do
17 Fr
18 Sa
19 **11. So n. Trinitatis** 34
20 Mo
21 Di
22 Mi
23 Do
24 Fr
25 Sa
26 **12. So n. Trinitatis** 35
27 Mo
28 Di
29 Mi
30 Do
31 Fr

## SEPTEMBER

1 Sa
2 **13. So n. Trinitatis** 36
3 Mo
4 Di
5 Mi
6 Do
7 Fr
8 Sa
9 **14. So n. Trinitatis** 37
10 Mo
11 Di
12 Mi
13 Do
14 Fr
15 Sa
16 **15. So n. Trinitatis** 38
17 Mo
18 Di
19 Mi
20 Do
21 Fr
22 Sa
23 **16. So n. Trinitatis** 39
24 Mo
25 Di
26 Mi
27 Do
28 Fr
29 Sa **Michaelistag**
30 **17. So n. Trinitatis** 40

## OKTOBER

1 Mo
2 Di
3 Mi
4 Do
5 Fr
6 Sa
7 **Erntedankfest** 41
8 Mo
9 Di
10 Mi
11 Do
12 Fr
13 Sa
14 **19. So n. Trinitatis** 42
15 Mo
16 Di
17 Mi
18 Do
19 Fr
20 Sa
21 **20. So n. Trinitatis** 43
22 Mo
23 Di
24 Mi
25 Do
26 Fr
27 Sa
28 **21. So n. Trinitatis** 44
29 Mo
30 Di
31 **Reformationstag**

## NOVEMBER

1 **Allerheiligen**
2 Fr
3 Sa
4 **22. So n. Trinitatis** 45
5 Mo
6 Di
7 Mi
8 Do
9 Fr
10 Sa
11 **Drittl. So. im Kirchenjahr Beginn der Ökum. Friedensdekade** 46
12 Mo
13 Di
14 Mi
15 Do
16 Fr
17 Sa
18 **Vorl. So. im Kirchenjahr** 47
19 Mo
20 Di
21 **Buß- und Bettag**
22 Do
23 Fr
24 Sa
25 **Ewigkeitssonntag** 48
26 Mo
27 Di
28 Mi
29 Do
30 Fr

## DEZEMBER

1 Sa
2 **1. Advent** 49
3 Mo
4 Di
5 Mi
6 Do
7 Fr
8 Sa
9 **2. Advent** 50
10 Mo
11 Di
12 Mi
13 Do
14 Fr
15 Sa
16 **3. Advent** 51
17 Mo
18 Di
19 Mi
20 Do
21 Fr
22 Sa
23 **4. Advent** 52
24 **Heiliger Abend**
25 **Weihnachtsfest**
26 **2. Weihnachtstag/ Stephanustag**
27 Do
28 Fr
29 Sa
30 **1. So n. Weihnachten** 1
31 Mo **Altjahrsabend**

# Kalendarium 2013

## JANUAR

1 **Neujahr** 1

2 Mi
3 Do
4 Fr
5 Sa

6 **Epiphanias** 2
7 Mo
8 Di
9 Mi
10 Do
11 Fr
12 Sa

13 **1. So. n. Epiphanias** 3
14 Mo
15 Di
16 Mi
17 Do
18 Fr
19 Sa

20 **Letzter So. n. Epiphanias** 4
21 Mo
22 Di
23 Mi
24 Do
25 Fr
26 Sa

27 **Septuagesimae** 5
28 Mo
29 Di
30 Mi
31 Do

## FEBRUAR

1 Fr
2 Sa

3 **Sexagesimae** 6
4 Mo
5 Di
6 Mi
7 Do
8 Fr
9 Sa

10 **Estomihi** 7
11 Mo
12 Di
13 **Beginn der Passionszeit**
14 Do
15 Fr
16 Sa

17 **Invokavit** 8
18 Mo
19 Di
20 Mi
21 Do
22 Fr
23 Sa

24 **Reminiszere** 9
25 Mo
26 Di
27 Mi
28 Do

## MÄRZ

1 Fr **Weltgebetstag**
2 Sa

3 **Okuli** 10
4 Mo
5 Di
6 Mi
7 Do
8 Fr
9 Sa

10 **Lätare** 11
11 Mo
12 Di
13 Mi
14 Do
15 Fr
16 Sa

17 **Judika** 12
18 Mo
19 Di
20 Mi
21 Do
22 Fr
23 Sa

24 **Palmsonntag** 13
25 Mo
26 Di
27 Mi
28 **Gründonnerstag**
29 **Karfreitag**
30 Sa

31 **Osterfest** 14

## APRIL

1 **Ostermontag**
2 Di
3 Mi
4 Do
5 Fr
6 Sa

7 **Quasimodogeniti** 15
8 Mo
9 Di
10 Mi
11 Do
12 Fr
13 Sa

14 **Miserikordias Domini** 16
15 Mo
16 Di
17 Mi
18 Do
19 Fr
20 Sa

21 **Jubilate** 17
22 Mo
23 Di
24 Mi
25 Do
26 Fr
27 Sa

28 **Kantate** 18
29 Mo
30 Di

## MAI

1 Mi
2 Do
3 Fr
4 Sa

5 **Rogate** 19
6 Mo
7 Di
8 Mi
9 **Himmelfahrt**
10 Fr
11 Sa

12 **Exaudi** 20
13 Mo
14 Di
15 Mi
16 Do
17 Fr
18 Sa

19 **Pfingstfest** 21
20 **Pfingstmontag**
21 Di
22 Mi
23 Do
24 Fr
25 Sa

26 **Trinitatis Dreifaltigkeitsfest** 22
27 Mo
28 Di
29 Mi
30 **Fronleichnam**
31 Fr

## JUNI

1 Sa

2 **1. So. n. Trinitatis** 23
3 Mo
4 Di
5 Mi
6 Do
7 Fr
8 Sa

9 **2. So. n. Trinitatis** 24
10 Mo
11 Di
12 Mi
13 Do
14 Fr
15 Sa

16 **3. So. n. Trinitatis** 25
17 Mo
18 Di
19 Mi
20 Do
21 Fr
22 Sa

23 **4. So. n. Trinitatis** 26
24 **Johannistag**
25 Di
26 Mi
27 Do
28 Fr
29 Sa

30 **5. So. n. Trinitatis** 27

# Kalendarium 2013

JULI

1 Mo
2 Di
3 Mi
4 Do
5 Fr
6 Sa
7 **6. So. n. Trinitatis** 28
8 Mo
9 Di
10 Mi
11 Do
12 Fr
13 Sa
14 **7. So. n. Trinitatis** 29
15 Mo
16 Di
17 Mi
18 Do
19 Fr
20 Sa
21 **8. So. n. Trinitatis** 30
22 Mo
23 Di
24 Mi
25 Do
26 Fr
27 Sa
28 **9. So. n. Trinitatis** 31
29 Mo
30 Di
31 Mi

AUGUST

1 Do
2 Fr
3 Sa
4 **10. So. n. Trinitatis** 32
5 Mo
6 Di
7 Mi
8 Do
9 Fr
10 Sa
11 **11. So. n. Trinitatis** 33
12 Mo
13 Di
14 Mi
15 Do
16 Fr
17 Sa
18 **12. So. n. Trinitatis** 34
19 Mo
20 Di
21 Mi
22 Do
23 Fr
24 Sa
25 **13. So. n. Trinitatis**
Michaelistag 35
26 Mo
27 Di
28 Mi
29 Do
30 Fr
31 Sa

SEPTEMBER

1 **14. So. n. Trinitatis** 36
2 Mo
3 Di
4 Mi
5 Do
6 Fr
7 Sa
8 **15. So. n. Trinitatis** 37
9 Mo
10 Di
11 Mi
12 Do
13 Fr
14 Sa
15 **16. So. n. Trinitatis** 38
16 Mo
17 Di
18 Mi
19 Do
20 Fr
21 Sa
22 **17. So. n. Trinitatis** 39
23 Mo
24 Di
25 Mi
26 Do
27 Fr
28 Sa
29 **18. So. n. Trinitatis** 40
**Michaelistag**
30 Mo

OKTOBER

1 Di
2 Mi
3 Do
4 Fr
5 Sa
6 **Erntedankfest** 42
7 Mo
8 Di
9 Mi
10 Do
11 Fr
12 Sa
13 **20. So. n. Trinitatis** 42
14 Mo
15 Di
16 Mi
17 Do
18 Fr
19 Sa
20 **21. So. n. Trinitatis** 43
21 Mo
22 Di
23 Mi
24 Do
25 Fr
26 Sa
27 **22. So. n. Trinitatis** 44
28 Mo
29 Di
30 Mi
31 **Reformationstag**

NOVEMBER

1 **Allerheiligen**
2 Sa
3 **23. So. n. Trinitatis** 45
4 Mo
5 Di
6 Mi
7 Do
8 Fr
9 Sa
10 **Drittl. So. im Kirchenjahr/ Beginn der Ökum. Friedensdekade** 46
11 Mo
12 Di
13 Mi
14 Do
15 Fr
16 Sa
17 **Vorl. So. im Kirchenjahr** 47
18 Mo
19 Di
20 **Buß- und Bettag**
21 Do
22 Fr
23 Sa
24 **Ewigkeitssonntag** 48
25 Mo
26 Di
27 Mi
28 Do
29 Fr

DEZEMBER

1 **1. Advent** 49
2 Mo
3 Di
4 Mi
5 Do
6 Fr
7 Sa
8 **2. Advent** 50
9 Mo
10 Di
11 Mi
12 Do
13 Fr
14 Sa
15 **3. Advent** 51
16 Mo
17 Di
18 Mi
19 Do
20 Fr
21 Sa
22 **4. Advent** 52
23 Mo
24 Di **Heiliger Abend**
25 Mi **Weihnachtsfest**
26 Do **2. Weihnachtstag/ Stephanustag**
27 Fr
28 Sa
29 **1. So. n. Weihnachten** 1
30 Mo
31 Di **Altjahrsabend**